大岩信太郎＝著

新・よくわかるドイツ文法

新正書法対応

朝日出版社

Shintaro Oiwa

Deutsche Grammatik
—leicht verständlich

ASAHI VERLAG

はしがき

●ドイツ語は文法が複雑でむずかしいとよく言われます。これはある程度は事実でしょう。しかし，文法が複雑だと言われている言語ほど，文法の基礎を固めれば，上達が速いということもまた事実です。

●さて，文法は複雑に述べようとすれば，いくらでも複雑になるものです。しかし，せっかく苦労して覚えた文法規則も一生応用する機会がないということもありえます。それだけでなく，あまり必要でない規則を学ぶことによって，肝心の重要な事柄を覚える障害になる恐れさえあります。本書はふつうのドイツ語を読み書きするのに必要にして十分な知識は何かということを絶えず念頭に置きながら書かれました。これだけ知っていれば，あとは辞書をたよりに，たいていの問題は解決するはずです。

●本書のもう一つの特徴はその例文・練習問題にあります。これらは基本的な単語が繰り返し出てくるような標準的な現代ドイツ語で構成されています。格言などは別として，古い文体や文学的色彩の強い文章は原則として含まれていません。ごくふつうの現代ドイツ語の語感を養うことが最も大切だと考えるからで，そのような語感ができてこそ，はじめて文学作品のひと味違う表現も正しく味わうことができるというのが著者の持論なのです。

●本書の前身「よくわかるドイツ文法」は発行以来，予想を超えるご好評を頂き，版を重ねてまいりましたが，先頃ドイツ語の正書法が改正になりましたので，本書も新正書法に基づく改訂を行いました。その際，説明や例文・練習問題などの一部をより適切なものに替えるなどの改良を加え，全面的に組み替えました。

　読者の皆様のご批判を賜わりたく存じます。

2005年9月

大岩信太郎

● 表紙絵 ●

Eiichi Takeyama
Weißer Turm, Rothenburg, 1998

目　　次

はしがき
Das Alphabet
発音 ………………………………………………………………… 1

Lektion 1　名詞の性と冠詞 ……………………………………………… 14
　　　§1　名詞の性　　　　　　　§2　冠詞の用法

Lektion 2　動詞の現在形（1）……………………………………………… 18
　　　§1　不定詞と定動詞　　　　§2　主語になる人称代名詞
　　　§3　基本的な現在人称変化　§4　語尾に注意すべき動詞
　　　§5　現在形の用法

Lektion 3　冠詞と名詞の格変化 ………………………………………… 25
　　　§1　名詞の格　　　　　　　§2　冠詞の格変化
　　　§3　定冠詞と名詞の格変化　§4　2格の位置
　　　§5　不定冠詞と名詞の格変化

Lektion 4　動詞の現在形（2）……………………………………………… 30
　　　§1　a→ä 型動詞　　　　　 §2　e→i [e] 型動詞
　　　§3　sein と haben　　　　 §4　werden と wissen
　　　§5　無冠詞の用法

Lektion 5　名詞の複数形 ………………………………………………… 37
　　　§1　4種の複数形　　　　　 §2　性や語尾と複数形の関係
　　　§3　複数の格変化　　　　　§4　男性弱変化名詞
　　　§5　S式複数形　　　　　　 §6　特殊変化をする名詞
　　　§7　注意すべき複数形　　　§8　複数形と冠詞の関係

Lektion 6　定冠詞類と不定冠詞類 ……………………………………… 47
　　　§1　定冠詞類（dieser 型）　§2　不定冠詞類（mein 型）
　　　§3　否定冠詞の用法　　　　§4　不定冠詞［類］の独立用法

Lektion 7　定動詞の位置 ………………………………………………… 53
　　　§1　定動詞第2位（主文）　　§2　定動詞第1位（主文）

i

§3 定動詞後置（副文）

Lektion 8　人称代名詞 ······58
§1 人称代名詞の格変化　　§2 人称代名詞用法上の注意
§3 3格と4格の語順　　§4 動詞の格支配

Lektion 9　前置詞 ······64
§1 前置詞の種類　　§2 2格支配の前置詞
§3 3格支配の前置詞　　§4 4格支配の前置詞
§5 3・4格支配の前置詞　　§6 前置詞と定冠詞の融合形
§7 前置詞と代名詞の融合形　　§8 動詞・形容詞の前置詞支配

Lektion 10　形容詞の格変化 ······73
§1 形容詞の用法　　§2 相補の法則
§3 形容詞の強変化　　§4 形容詞の弱変化
§5 形容詞の混合変化　　§6 形容詞についての注意
§7 名詞の省略と形容詞の名詞化　　§8 男性・女性・複数の名詞化
§9 中性の名詞化　　§10 小文字で書く名詞化

Lektion 11　疑問代名詞・不定代名詞 ······82
§1 疑問代名詞 wer と was　　§2 was für ein
§3 welcher　　§4 疑問副詞
§5 ja, nein, doch の用法　　§6 不定代名詞 man
§7 その他の不定代名詞

Lektion 12　動詞の3基本形・過去形と未来形 ······91
§1 3基本形　　§2 弱変化動詞
§3 強変化動詞　　§4 混合変化動詞
§5 sein, haben, werden　　§6 過去分詞に ge- のない動詞
§7 過去人称変化　　§8 過去形の用法
§9 未来人称変化　　§10 ワク構造
§11 未来形の用法

Lektion 13　動詞の完了形 ······100
§1 haben か sein か　　§2 sein 支配動詞
§3 現在完了形　　§4 現在完了形の用法

　　　　§5　過去完了形　　　　　　§6　過去完了形の用法
　　　　§7　未来完了形　　　　　　§8　未来完了形の用法

Lektion 14　分離動詞 106
　　　　§1　分離動詞と非分離動詞　§2　分離動詞の3基本形
　　　　§3　分離動詞を用いる構文　§4　非分離動詞
　　　　§5　分離・非分離の前つづり　§6　nicht の位置

Lektion 15　話法の助動詞 113
　　　　§1　話法の助動詞　　　　　§2　話法の助動詞の現在人称変化
　　　　§3　können の意味　　　　§4　müssen の意味
　　　　§5　wollen の意味　　　　 §6　sollen の意味
　　　　§7　dürfen の意味　　　　 §8　mögen の意味
　　　　§9　話法の助動詞＋完了不定詞　§10　möchte について
　　　　§11　話法の助動詞の3基本形　§12　話法の助動詞の時制
　　　　§13　話法の助動詞に準ずる動詞

Lektion 16　比較 122
　　　　§1　形容詞の比較級と最上級　§2　比較級・最上級の付加語的
　　　　　　　　　　　　　　　　　　　　　用法
　　　　§3　比較級の述語的用法　　§4　最上級の述語的用法
　　　　§5　副詞の比較級・最上級　§6　絶対比較級・絶対最上級
　　　　§7　その他の比較の形式

Lektion 17　不定詞 131
　　　　§1　zu のない不定詞　　　 §2　zu 不定詞[句]
　　　　§3　zu 不定詞[句]の基本的　§4　zu 不定詞[句]とコンマ
　　　　　　用法
　　　　§5　um, ohne, [an]statt と　§6　da[r]＋前置詞と zu 不定
　　　　　　zu 不定詞[句]　　　　　　　　詞句
　　　　§7　haben, sein と zu 不定詞

Lektion 18　再帰動詞 139
　　　　§1　再帰代名詞　　　　　　§2　再帰動詞
　　　　§3　再帰代名詞の位置　　　§4　相互代名詞の sich
　　　　§5　その他の再帰的表現

Lektion 19 非人称 …… 146
- §1 非人称動詞
- §2 es gibt ＋4格
- §3 その他の非人称熟語
- §4 人称動詞の非人称化
- §5 文法上の主語
- §6 その他の es の用法

Lektion 20 接続詞 …… 153
- §1 接続詞の種類
- §2 並列接続詞
- §3 副詞的接続詞
- §4 従属接続詞
- §5 従属接続詞についての注意
- §6 対照的接続詞

Lektion 21 関係代名詞 …… 161
- §1 指示代名詞と関係代名詞
- §2 定関係代名詞 der
- §3 定関係代名詞の用法
- §4 定関係代名詞 welcher
- §5 不定関係代名詞 wer と was
- §6 不定関係代名詞の用法
- §7 前置詞と関係代名詞の融合形
- §8 関係代名詞の注意すべき用法
- §9 関係副詞
- §10 準関係代名詞

Lektion 22 受動形 …… 170
- §1 受動形の時制
- §2 能動文から受動文へ
- §3 「…によって」の表し方
- §4 自動詞の受動形
- §5 状態受動
- §6 その他の受動的表現

Lektion 23 分詞 …… 177
- §1 分詞の種類
- §2 現在分詞
- §3 過去分詞
- §4 未来受動分詞
- §5 冠飾句
- §6 分詞構文

Lektion 24 命令法 …… 184
- §1 基本
- §2 注意すべき命令法
- §3 wirに対する命令
- §4 その他の命令的表現

Lektion 25 指示代名詞 …… 189
- §1 指示代名詞 der
- §2 derjenige
- §3 dieser, jener
- §4 紹介の das, dies, jenes
- §5 derselbe
- §6 solcher

Lektion 26	接続法の形態	197

§1 3種の法　　　　　　　§2 接続法の形態と用法の関係
§3 接続法のつくり方　　　§4 接続法の時制

Lektion 27	要求話法	201

§1 要求話法　　　　　　　§2 要求話法の応用

Lektion 28	非現実話法	205

§1 非現実の仮定とその結論　　§2 würde による言い換え
§3 仮定部の独立用法　　　　　§4 仮定部の圧縮・結論部の独立用法
§5 非現実の認容　　　　　　　§6 als ob と接続法
§7 否定の影響による接続法　　§8 外交的接続法

Lektion 29	間接話法	211

§1 直接話法と間接話法　　§2 第Ⅰ式か第Ⅱ式か
§3 間接話法の時制　　　　§4 間接疑問文
§5 間接命令文　　　　　　§6 名詞に接続する間接話法
§7 間接話法の独立用法

Lektion 30	数詞	217

§1 基数　　　　　　§2 基数についての注意
§3 西暦年　　　　　§4 序数
§5 序数の用法　　　§6 日付
§7 時刻　　　　　　§8 小数
§9 分数　　　　　　§10 度量衡など
§11 数式　　　　　　§12 数に関する慣用的表現

主要強変化・混合変化動詞変化表 227
名詞の性の見分け方
　　P. 15, 17, 36, 52, 55, 72, 81, 90, 112, 138, 152, 169, 176

Das Alphabet
ダス　アルファベート

活字体		筆記体		名称		音価	
A	a	𝒜	𝒶	[aː]	アー	[aː]	[a]
B	b	ℬ	𝒷	[beː]	ベー	[b]	
C	c	𝒞	𝒸	[tseː]	ツェー	[ts]	[k]
D	d	𝒟	𝒹	[deː]	デー	[d]	
E	e	ℰ	ℯ	[eː]	エー	[eː]	[ɛ]
F	f	ℱ	𝒻	[ɛf]	エフ	[f]	
G	g	𝒢	ℊ	[geː]	ゲー	[g]	
H	h	ℋ	𝒽	[haː]	ハー	[h]	
I	i	𝒥	𝒾	[iː]	イー	[iː]	[ɪ]
J	j	𝒥	𝒿	[jɔt]	ヨット	[j]	
K	k	𝒦	𝓀	[kaː]	カー	[k]	
L	l	ℒ	ℓ	[ɛl]	エル	[l]	
M	m	ℳ	𝓂	[ɛm]	エム	[m]	

活字体		筆記体		名　　称	音　価
N	n	𝒩	𝓃	[ɛn] エン	[n]
O	o	𝒪	𝑜	[oː] オー	[oː] [ɔ]
P	p	𝒫	𝓅	[peː] ペー	[p]
Q	q	𝒬	𝓆	[kuː] クー	[k]
R	r	ℛ	𝓇	[ɛr] エル	[r]
S	s	𝒮	𝓈	[ɛs] エス	[s] [z]
T	t	𝒯	𝓉	[teː] テー	[t]
U	u	𝒰	𝓊	[uː] ウー	[uː] [ʊ]
V	v	𝒱	𝓋	[faʊ] ファオ	[f]
W	w	𝒲	𝓌	[veː] ヴェー	[v]
X	x	𝒳	𝓍	[ɪks] イクス	[ks]
Y	y	𝒴	𝓎	[ýpsilɔn] ユプスィロン	[yː] [ʏ]
Z	z	𝒵	𝓏	[tsɛt] ツェット	[ts]

ドイツ語独得の字母 以上26文字のほか A, O, U の上に変音記号(¨)のついたものと、ß [エス・ツェット] があります。

活字体	筆記体	名称	音価
Ä ä	𝒜̈ ä	[ɛ:] [エー]	[ɛ:] [ɛ]
Ö ö	𝒪̈ ö	[ø:] [エー]	[ø:] [œ]
Ü ü	𝒰̈ ü	[y:] [ユー]	[y:] [ʏ]
ß	ß	[ɛs tsét] [エス・**ツェット**]	[s]

Ä は口を大きく開けて [エー] と言います。
Ö は一応 [エー] としておきましたが、[オー] を発音するときの口の構えで、[エー] と言います。
Ü は [ウー] を発音する口の構えで [イー] と言います。

略語と記号

男	男性
女	女性
中	中性
単	単数
複	複数
英	英語
( )	説明的な語句を示します。
[ ]	発音または省略可能な文字・語句を示します。
〈 〉	交換可能な語句を示します。交換可能な語句が二つある場合は〈/〉。
j = jemand ある人	
et = etwas あるもの〈こと〉 *j*³, *et*⁴ など肩の数字は格を示します。	

Die Aussprache （発音）
ディー　アオスシュプラーヘ

ローマ字式が原則

ドイツ語の発音はだいたいにおいてローマ字式です。どの字母も発音し，サイレントはありません。念のため発音記号とカタカナを添えておきますが，ドイツ語はつづりそのものが発音記号みたいなものですから，発音記号はあまり重要ではなく，カナで十分です。ただし Punkt という語に [**プ**ンクト] とカナが振ってあるからといって [puŋkuto] などと k や t に u や o をつけて発音しないでください。カナは Punkt を [**パ**ンクト] と読んだり，alles [**ア**レス] を [**オ**ーレス] と読んだりされないためのものです。次の語のカナの太字のところを強く発音してください。

  Karte [kártə] カード　　　lernen [lέrnən] 学ぶ
  カルテ　　　　　　　　　　　　**レ**ルネン
  Knoten [knó:tən] 結び目　　Punkt [puŋkt] 点
  ク**ノ**ーテン　　　　　　　　　　**プ**ンクト

▷ 名詞は頭文字を大文字で書きます。

アクセントは原則として第1音節にある

何語でもそうですが，語を構成する個々の音は正しくても，アクセントが間違っていると全然通じないことがあります。逆に子音などの発音に多少あやしいところがあっても，アクセントや母音の長短が正しければ意外によく通じるものです。ドイツ語のアクセントは原則として第1音節にあります。なお，音節とは，母音を核としてひとまとまりに発音される最小の単位をいいます。Punkt はこれ以上分けられませんから1音節，Karte は Kar と te で2音節です。

母音の長短

母音は子音字1個の前では長く，また子音字2個以上の前では短いのが原則です。アクセントのない音節はふつう長くなりません。

  Gas [ga:s] ガス　　　　　Gast [gast] 客
  ガース　　　　　　　　　　　**ガ**スト
  Ofen [ó:fən] ストーブ　　Onkel [ɔ́ŋkəl] おじ
  オーフェン　　　　　　　　　**オ**ンケル

弱音の e [ə]　　Ofen, Onkel, Karte などの語尾に含まれる e はつぶやくような短く軽い音で，発音記号では [ə] で表します。[ə] は英語ではあいまいな [ア]，フランス語ではあいまいな [ウ] とされていますが，ドイツ語では弱い [エ] とお考え下さい。

基本的な母音　　日本語と同じく基本的な母音は a, e, i, o, u の五つです。a を除いて，長短でほんのわずか音が違います。長い場合は引き締まった音で**閉音**と呼ばれます。短い場合は多少ゆるんだ音で**開音**と呼ばれます。したがって発音記号も長母音と短母音とでは異なっていますが，初歩のうちは長短による音の違いはあまり気にし過ぎない方がよいと思います。短い場合には長い場合のような引き締まった音を出す余裕がないために，自然と多少ゆるんだ音になるのです。したがって長い場合の音，つまり閉音をしっかり練習し，短い場合は少し口の緊張をゆるめれば，自然と開音になるはずです。

❶ a [aː][アー] [a][ア]（閉音・開音の区別なし）

　　a は長い場合も短い場合も同じ音で，日本語の [アー][ア] とほぼ同じです。

　　　　　Name [náːmə] 名前　　　　Tal [taːl] 谷
　　　　　ナーメ　　　　　　　　　　タール
　　　　　Tante [tántə] おば　　　　Garten [gártən] 庭
　　　　　タンテ　　　　　　　　　　ガルテン

❷ e [eː][エー]（閉音）
　　[ɛ][エ]　（開音）

　　長い e は口を横に引いて [エー] と発音します。いくらか [イー] に近い音です。短い e は口を大きめに開いて発音しますので，日本語の [エ] とだいたい同じになります。

　　　　　geben [géːbən] 与える　　edel [éːdəl] 高貴な
　　　　　ゲーベン　　　　　　　　　エーデル
　　　　　Bett [bɛt] ベッド　　　　　Ende [ɛ́ndə] 終り
　　　　　ベット　　　　　　　　　　エンデ

❸ i [iː][イー]（閉音）
　　[ɪ][イ]　（開音）

　　i は長い場合には口を真一文字に横に引っぱって [イー] と発音します。短い場合はそれほど口を横に引かずに [イ] と言います。

　　　　　Bibel [bíːbəl] 聖書　　　　Iris [íːrɪs] アヤメ類
　　　　　ビーベル　　　　　　　　　イーリス

ist [ɪst] 英 *is*
イスト

irren [írən] 迷う
イレン

❹ **o** [oː] [**オー**]（閉音）
　 [ɔ] [**オ**]　（開音）

長い o は口を丸めて，先を少し尖らせて [オー] と発音します。短い場合は口を少し開き気味にします。

Brot [broːt] パン
ブロート

oft [ɔft] しばしば
オフト

Dom [doːm] 大聖堂
ドーム

kommen [kɔ́mən] 来る
コンメン

❺ **u** [uː] [**ウー**]（閉音）
　 [ʊ] [**ウ**]　（開音）

u は長い場合には口を突き出して [ウー] と発音します。短い場合は口を開き気味にしますので，いくらか [オ] に近い音になります。

Blut [bluːt] 血
ブルート

Kurs [kʊrs] コース
クルス

tun [tuːn] する
トゥーン

unten [ʊ́ntən] 下に
ウンテン

> 長音になるつづり

同じ母音字が連続していたり，母音のあとに h がついているときは長音になります。

❶ **aa** [aː] [**アー**], **ee** [eː] [**エー**], **oo** [oː] [**オー**]

e や o が二つあっても，英語のように他の母音に変わることはありません。

Saal [zaːl] 広間
ザール

Boot [boːt] 小舟
ボート

Tee [teː] 茶
テー

❷ **ie** [iː] [**イー**]

ii というつづりはなく，代りに ie を用います。

Knie [kniː] ひざ
クニー

Liebe [líːbə] 愛
リーベ

❸ 母音＋h

ドイツ語にはサイレントはないといいましたが，ただ一つ母音の次の h は例外で発音しません。母音を延ばす記号だと思って下さい。

nahe [náːə] 近い ナーエ	gehen [géːən] 行く ゲーエン
ohne [óːnə] …なしに オーネ	Kuh [kuː] 雌牛 クー

r の母音化　　語尾の -er は英語の *father, mother* の -er のように母音化されて [アー] と発音します。また語尾の -r も軽い [ア] です。発音記号はそれぞれ [ər]（または [ɐ]），[r]（または [ɐ̆]）です。

Mutter [mútər] 母
ムッター
Bruder [brúːdər] 兄〈弟〉
ブルーダー
mir [miːr] 私に
ミーア
Ohr [oːr] 耳
オーア

ただし，a のあとの r ははっきり [ル] と発音します。

bar [baːr] 現金の
バール
Haar [haːr] 毛髪
ハール

変母音　　ドイツ語には，a, o, u の上に Umlaut [**ウムラオト**]（変音）記号のついた変母音 ä, ö, ü があります。この ¨ は e に相当するもので，a, o, u を発音する口の構えで e を発音せよという記号です。

❶ ä [ɛː][エー][ɛ][エ]（閉音・開音の区別なし）

まず a を発音してみて，その口の形を崩さずに [エー] と言うとこの音になります。a の場合と同様，長短による発音の違いはありません。短い e の音と同音ですから，日本語の [エー][エ] とほぼ同じです。

Bär [bɛːr] クマ
ベーア
Träne [trɛ́ːnə] 涙
トレーネ
Bäcker [bɛ́kər] パン屋
ベッカー
Kälte [kɛ́ltə] 寒さ
ケルテ

❷ ö [øː][エー]（閉音）
　　[œ][エ]　（開音）

長い o を発音する口の構えで［エー］と発音しますと ö の長音になります。短い場合には，少し口の開きを大きくします。カナでは表せませんが，一応［エー］［エ］としておきます。

   Öl ［øːl］ 油
   エール
   öffnen ［œfnən］ 開く
   エフネン

   hören ［hǿːrən］ 聞く
   ヘーレン
   Hölle ［hœ́lə］ 地獄
   ヘレ

❸ ü ［yː］［ユー］（閉音）
 ［y］［ユ］ （開音）

長い u を発音してみて，その口の形を崩さずに［エー］と言うと ü の長音になりますが，日本人にとっては u の口の構えで［イー］と言う方が楽にこの音が出ます。短い場合は例によって口の開きを大きくします。カナでは一応［ユ］としておきますが，［ユ］とは違います。［ユ］［ju］は長く発音すると終りの方は［ウ］になってしまいますが，ü はいつまで引っぱっても u にならず ü の音のままです。

   Tür ［tyːr］ 戸
   テューア
   Hütte ［hýtə］ 小屋
   ヒュッテ

   grün ［gryːn］ 緑の
   グリューン
   fünf ［fynf］ 5
   フュンフ

▶ ä, ö, ü の活字がないときは ae, oe, ue で代用します。Bär=Baer, Öl=Oel, grün=gruen

2個の異なる母音からできていても，これらを別々に発音するのでなく，連続して一つの音節として発音するものを複母音といいます。

複母音 ❶ au ［aʊ］［アオ］

  ［アウ］と発音するドイツ人もたまにはいますが，たいてい［アオ］と発音します。

   Haus ［haʊs］ 家
   ハオス

   Auge ［áʊgə］ 目
   アオゲ

❷ ei ［aɪ］［アイ］

ei は［エイ］でなく［アイ］と発音します。ie ［イー］と混同しないように注意してください。

   Reis ［raɪs］ 米
   ライス

   Arbeit ［árbaɪt］ 仕事
   アルバイト

▶ ai とつづる語も少数あります。

　　Mai [maɪ] 5月
　　マイ

　　Kaiser [káɪzər] 皇帝
　　カイザー

▶ 固有名詞には ey, ay とつづる語もあります。

　　Mayer [máɪər] 人名
　　マイアー

　　Bayern [báɪərn] バイエルン州
　　バイアーン

❸ eu, äu [ɔʏ] [オイ]

eu, äu も同じ発音です。発音記号は [ɔʏ] ですが，実際には [**オイ**] に聞こえます。

　　neu [nɔʏ] 新しい
　　ノイ

　　Feuer [fɔ́ʏər] 火
　　フォイアー

　　träumen [trɔ́ʏmən] 夢をみる
　　トロイメン

　　Fräulein [frɔ́ʏlaɪn] 未婚の若い女性
　　フロイライン

注意すべき子音（1）

子音の発音は英語やローマ字に似ています。とくに注意すべきものだけを取り上げることにします。

❶ 音節末の b, d, g = p, t, k

b, d, g はふつうローマ字の場合と同じく [b] [d] [g] ですが，音節末にあるときは濁らずに [p] [t] [k] と発音します。

　　halb [halp] 半分の
　　ハルプ

　　Land [lant] 国
　　ラント

　　Tag [taːk] 日
　　ターク

　　Jagd [jaːkt] 狩り
　　ヤークト

❷ j [j] [ユ]

英語の y と同じ発音です。

　　Japan [jáːpan] 日本
　　ヤーパン

　　Jugend [júːgənt] 青春
　　ユーゲント

❸ v [f] [フ]

英語のように濁らず f と同じ発音です。上の歯を下唇に軽くあてて発音します。

　　Vater [fáːtər] 父
　　ファーター

　　Volk [fɔlk] 国民
　　フォルク

❹ **w** [v] [ヴ]

　　w は f の濁音で英語の v と同じ発音です。上の歯を下唇にあてることを忘れないように。

　　　　Wagen [vá:gən] 車　　　　Werk [vɛrk] 作品
　　　　ヴァーゲン　　　　　　　　　ヴェルク

❺ **z** [ts] [ツ]

　　たとえば za は「おとっつぁん」の「つぁ」に当ります。

　　　　Zucker [tsúkər] 砂糖　　　zwei [tsvaɪ] 2
　　　　ツッカー　　　　　　　　　ツヴァイ

❻ **母音の前の s** [z] [ズ]

　　s は母音の前では濁音で，それ以外は清音です。

　　　　sagen [zá:gən] 言う　　　Sonne [zɔ́nə] 太陽
　　　　ザーゲン　　　　　　　　　ゾンネ

❼ **l** [l] と **r** [r]

　　日本人にとって最も区別しにくい音ですが，ヨーロッパ人にとって l と r はまったく別の音です。l は舌の先を上の歯ぐきに押しつけて発音します。ふつう r は喉彦（のどひこ）をふるわせて発音します。水なしで，嗽（うがい）をするようにすると簡単にこの音が出ますが，できなければ，ベランメエ式に巻き舌でやっても構いません。右側の語と左側の語をはっきり区別して発音して下さい。

　　　　Lot [lo:t] 垂線　　　　　rot [ro:t] 赤い
　　　　ロート　　　　　　　　　　ロート
　　　　lang [laŋ] 長い　　　　　Rang [raŋ] 等級
　　　　ラング　　　　　　　　　　ラング
　　　　Glas [gla:s] コップ　　　Gras [gra:s] 草
　　　　グラース　　　　　　　　　グラース

> **注意すべき子音（2）**　　こんどは二つ以上の字母から成り立っている子音を中心に学びましょう。

❶ **Ach-Laut [アハラオト] の ch** [x] [ハ] [ホ] [フ]

　　a, o, u, au のあとの ch は喉（のど）の奥をかすらせて発音します。「ワッハッハ」という豪傑笑いの [ハ] であり，また走って息切れしたときの音です。a のあとでは [ハ]，o, au のあとでは [ホ]，u のあとでは [フ] に近くなります。ach! [アハ]「ああ」と溜め息をつくときの音（Laut）なので Ach-Laut [アハ

ラオト]と呼ばれます。発音記号は [x] ですが，これを [クス] と読まないでください。

　　　　　Bach [bax] 小川　　　　　　Tochter [tɔ́xtər] 娘
　　　　　バハ　　　　　　　　　　　　トホター
　　　　　Buch [buːx] 本　　　　　　auch [aʊx] …もまた
　　　　　ブーフ　　　　　　　　　　　アオホ

❷ Ich-Laut [イヒラオト] の ch [ç] [ヒ]

　　a, o, u, au のあと以外では ch はかすれた [ヒ] の音です。「イッヒッヒ」といやらしく笑うときの [ヒ] です。ich [イヒ]「私は」と言うときの音なので Ich-Laut [イヒラオト] と呼ばれます。

　　　　　nicht [nɪçt] 英 not　　　　recht [rɛçt] 正しい
　　　　　ニヒト　　　　　　　　　　　レヒト
　　　　　Bücher [býːçər] 本（複数）　Mädchen [mέːtçən] 少女
　　　　　ビューヒャー　　　　　　　　メーチヒェン

▶ Mädchen はゆっくり読めば [メートヒェン] ですが，ふつうの速さでは，d が ch に同化されて [チ] に近く発音されます。

❸ 音節末の ig [ɪç] [イヒ]

　　ig は音節末では ich と同じく [イヒ] と発音します。

　　　　　König [kǿːnɪç] 王　　　　heilig [háɪlɪç] 神聖な
　　　　　ケーニヒ　　　　　　　　　ハイリヒ

▶ König などに語尾 e がつくと，g は [g] の音になります。
　Könige [kǿːnɪgə] 王たち
　ケーニゲ

❹ pf [pf] [プϝ]

　　p と f を同時に発音します。まず p を発音するときのように両唇を合わせ，唇が離れようとする瞬間に下唇をうしろに引いて上の歯にあて f を発音するとこの音になります。ニラメッコをして，こらえ切れなくなって吹き出すときの音に似ています。カナでは [プϝ] で表しますが，プとフを別々に発音してはいけません。そのくらいなら f で代用したほうがよく通じます。ドイツ人でも横着して，pf を f と同じに発音することがあります。とくに語頭の pf

は日常会話では多くのドイツ人が f で発音しています。

Apfel [ápfəl] リンゴ
アプフェル

Pfanne [pfánə] フライパン
プファンネ

❺ qu [kv] [クヴ]

英語でも *qu* の *u* は *w* の音で発音しますが、ドイツ語でも qu の u は w [v] の音です。

Qualität [kvalitɛ́ːt] 質
クヴァリテート

bequem [bəkvéːm] 快適な
ベクヴェーム

❻ sch [ʃ] [シュ]

英語の *sh* と同じ音です。

Fisch [fɪʃ] 魚
フィッシュ

Schule [ʃúːlə] 学校
シューレ

❼ 語頭の sp [ʃp] [シュプ] と st [ʃt] [シュト]

sp, st の s は語頭では sch [ʃ] の音になります。

Sport [ʃpɔrt] スポーツ
シュポルト

springen [ʃpríŋən] 跳ぶ
シュプリンゲン

Stern [ʃtɛrn] 星
シュテルン

Stahl [ʃtaːl] 鋼
シュタール

❽ ss と ß [s] [ス]

どちらも濁らない s の音です。ss は短母音のあとでだけ用い、その他の場合は ß [エス・**ツェット**] を用います。

besser [bésər] よりよい
ベッサー

Pass [pas] パスポート
パス

grüßen [grýːsən] あいさつする
グリューセン

weiß [vaɪs] 白い
ヴァイス

▷ 旧正書法では前が短母音、あとが母音の場合にだけ ss を用いました。したがって Pass は Paß とつづりました。
ß の活字がないときは sz とせずに、ss とつづります。

⑨ **tsch** [tʃ] [チュ]

英語の *ch* に相当する音です。

  Deutsch [dɔʏtʃ] ドイツ語
  ドイチュ
  Dolmetscher [dɔ́lmɛtʃər] 通訳者
  ドルメッチャー

⑩ **tz, ts, ds** [ts] [ツ]

どれも z と同じ発音です。tz の前の母音は短くつまり気味に発音します。

  Katze [kátsə] 猫
  カッツェ
  sitzen [zítsən] 座っている
  ズィッツェン
  stets [ʃteːts] いつも
  シュテーツ
  eilends [áɪlənts] 急いで
  アイレンツ

⑪ **chs と x** [ks] [クス]

どちらも同じ [ks] の音です。x は英語と違って [グズ] と濁ることはありません。

  sechs [zɛks] 6
  ゼックス
  wachsen [váksən] 成長する
  ヴァクセン
  Examen [ɛksáːmən] 試験
  エクサーメン
  Hexe [héksə] 魔女
  ヘクセ

外来語特有の発音

ドイツ語にはラテン語やギリシャ語などからの外来語がたくさん入っています。ドイツ語を知らない人でも，英語から意味が類推できるような単語はたいてい外来語です。こうした外来語には純粋なドイツ語とはつづりや発音上異なる点があります。アクセントが第1音節にない場合が多いのも大きな特徴です。

❶ **c** [ts] [ツ] [k] [ク]

e, i, ä の前ではふつう [ts] と発音し，その他の場合は [k] です。ドイツ語化されて z または k で書き換えられている場合もありますので，辞書で見つからない場合は，z か k に換えてからひき直して下さい。

  circa (= zirka) [tsírka] およそ，約
  ツィルカ
  Club (= Klub) [klʊp] クラブ
  クルプ

❷ **th** [t] [ト]

英語のように [θ] や [ð] にはならず，t と同じ音です。

  Theater ［teá:tər］ 劇場
  テアーター
  Bibliothek ［biblioté:k］ 図書館
  ビブリオテーク

❸ **tia, tie, tio の t** [ts] [ツ]

z と同じく [ts] の発音です。たとえば -tion は [ティオン] ではなく [ツィオーン] です。

  Initiale ［initsɪá:lə］ 頭文字
  イニツィアーレ
  Patient ［patsɪέnt］ 患者
  パツィエント

  Nation ［natsɪó:n］ 国民
  ナツィオーン
  Lektion ［lɛktsɪó:n］ 課
  レクツィオーン

❹ **v** [v] [ヴ]

純粋のドイツ語では v は [f] の音ですが，外来語の v は母音の前では英語と同様に濁ります。

  Violine ［violí:nə］ ヴァイオリン
  ヴィオリーネ
  Vulkan ［vʊlká:n］ 火山
  ヴルカーン

▶ 音節末では濁らず [f] の音です。
aktiv ［aktí:f］ 活動的な
アクティーフ

❺ **y = ü** [y:] [ユー] [y] [ユ]

ふつう ü と同じに発音します。u の口の構えで i を発音するわけです。

  Typ ［ty:p］ 型
  テュープ
  System ［zysté:m］ 体系
  ズュステーム

❻ **ie** [iə] [イエ]

ie はふつう [イー] と発音しますが，外来語のうち直前の音節にアクセントがある場合に限り [イエ] と読みます。

  Familie ［famí:lɪə］ 家族
  ファミーリエ
  Italien ［itá:lɪən］ イタリア
  イターリエン

❼ その他

フランス語などからの外来語の中には，もとの発音を保っているものや，多少ドイツ語化されているものなどがあります。いくつかの例をお目にかけましょう。

Chauffeur [ʃɔféːr] （自動車の職業的）運転手
ショフェーア

Journalist [ʒʊrnalíst] 新聞＜雑誌＞記者
ジュルナリスト

Garage [garáːʒə] ガレージ
ガラージェ

Cello [tʃélo] [ʃélo] チェロ
チェロ／シェロ

短音なのに閉音で表記される場合

さきに e, i, o, u, ö, ü は短音の場合の発音記号は開音 [ɛ] [ɪ] [ɔ] [ʊ] [œ] [ʏ] を用いると述べましたが，外来語や合成語などで，短音なのに閉音 [e] [i] [o] [u] [ø] [y] が用いられていることがあります。これは母音で終っている音節（＝開音節）なので，本来長音になるべきところ，アクセントがないために多少短くなったものです。以前は [eˑ] [iˑ] [oˑ] のように**半長音**で示されることが多かったのですが，現在の辞書では短音として示されるのがふつうです。たとえば Kaffee「コーヒー」という語には二つの発音の仕方がありますが，アクセントを第2音節に置く場合は [kaféː] のように ee が長音 [eː] で示され，またアクセントを第1音節に置くと [káfe] のように短音 [e] で示されます。また zufolge「…に従って」という語は zu [tsuː] と Folge [fɔ́lgə] の合成語ですが，zu にアクセントがないために，[tsufɔ́lgə] と zu の部分が短音として表記されるのです。このような音節は多少長めに発音されます。

発音練習

Guten Tag, Herr* Müller! グーテン ターク ヘア ミュラー	こんにちは，ミュラーさん。
Guten Morgen, Frau* Schäfer! グーテン モルゲン フラオ シェーファー	おはようございます，シェーファーさん。
Guten Abend, Fräulein* Schmidt! グーテン アーベント フロイライン シュミット	こんばんは，シュミットさん。
Gute Nacht! グーテ ナハト	おやすみなさい。
Auf Wiedersehen! アオフ ヴィーダーゼーエン	さようなら。
Danke schön! ダンケ シェーン	どうもありがとう。
Bitte schön! ビッテ シェーン	どういたしまして。
Einen Moment bitte! アイネン モメント ビッテ	ちょっと待って下さい。
Gute Besserung! グーテ ベッセルング	（病人に）お大事に。
Schönes Wochenende! シェーネス ヴォッヘンエンデ	よい週末を。
Danke, gleichfalls! ダンケ グライヒファルス	ありがとう，あなたもね。（＜同様に）
Schöne Grüße zu Hause! シェーネ グリューセ ツー ハオゼ	おうちの方によろしく。
Gute Reise! グーテ ライゼ	よいご旅行を。

注 **Herr** 英 *Mr.* **Frau** 英 *Mrs.* **Fräulein** 英 *Miss*． Fräulein は現在では，未婚の若い女性に対してのみ用います。未婚でも，成人女性に対しては Frau を用います。

Lektion 1 (eins)
レクツィオーン　　　アインス

名詞の性と冠詞

> **Der** Vater ist **ein** Optimist. 父は楽天家です。
> デア　ファーター　イスト　アイン　　オプティミスト
>
> **Die** Mutter ist auch **eine** Optimistin. 母も楽天家です。
> ディー　ムッター　　　　アオホ　アイネ　オプティミスティン

逐語訳　der Vater 父は　ein Optimist 楽天家　ist です。　die Mutter 母　auch もまた　eine Optimistin 楽天家　ist です。

◯ der = 英 the; ein = 英 a, an

§1 名詞の性

　事物の名称を表す語を名詞といい，頭文字を大文字で書きます。複数形だけの名詞を除き，名詞には生物・無生物を問わず文法上の性があります。たとえば Vater [ファーター]「父」は男性名詞，Mutter [ムッター]「母」は女性名詞，Kind [キント]「子供」は中性名詞です。この性別は定冠詞をつける場合にはっきりあらわれます。男性の定冠詞は der [デア]，女性の定冠詞は die [ディー]，中性のそれは das [ダス] です。不定冠詞は男性と中性が同形で ein [アイン]，女性は eine [アイネ] です。

男性名詞	女性名詞	中性名詞
der Vater 父 デア　ファーター	**die** Mutter 母 ディー　ムッター	**das** Kind 子供 ダス　キント
ein Vater アイン	**eine** Mutter アイネ	**ein** Kind アイン

　名詞の性は，人間の場合は自然性と一致することが多いのですが，例外もあり，また無生物の場合は見当がつきません。名詞の性は語尾などにより，ある程度見分ける方法がありますが，はじめのうちは一つ一つ暗記しなければなりません。その場合一番よい方法は次に示すように名詞に定冠詞をつけて覚えることです。

男性名詞		女性名詞		中性名詞	
der Mann デア マン	男	die Frau ディー フラオ	女	das Fräulein ダス フロイライン	未婚の若い女性
der Sohn ゾーン	息子	die Tochter トホター	娘	das Mädchen メーチヒェン	少女
der Lehrer レーラー	教師	die Lehrerin レーレリン	女性教師	das Baby ベービ	赤ん坊
der Hund フント	犬	die Katze カッツェ	猫	das Schaf シャーフ	羊
der Garten ガルテン	庭	die Kirche キルヒェ	教会	das Haus ハオス	家
der Wein ヴァイン	ワイン	die Milch ミルヒ	牛乳	das Bier ビーア	ビール

名詞の性の見分け方（1）

● **縮小名詞 -chen, -lein は中性**

-chen, -lein は**縮小語尾**と呼ばれ，この語尾のついた名詞は「小さな…」の意味となり，中性になります。

  der Hund 犬 → das Hündchen〈Hündlein〉小〈子〉犬，犬ころ
  フント　　　　　　ヒュンチヒェン　ヒュントライン

  die Katze 猫 → das Kätzchen〈Kätzlein〉小〈子〉猫
  カッツェ　　　　　ケッツヒェン　ケッツライン

Mädchen や Fräulein が中性なのもこのことによるのです。

  die Magd おとめ → das Mädchen 少女（＜小さなおとめ）
  マークト　　　　　　メーチヒェン

  die Frau 女 → das Fräulein 未婚の若い女性（＜小さな女）
  フラオ　　　　　　　フロイライン

● **男性名詞＋ in ＝女性**

  der Lehrer 教師 → die Lehrerin 女性教師
  レーラー　　　　　　レーレリン

  der Arzt 医者 → die Ärztin 女医
  アールツト　　　　　エールツティン

-chen, -lein や -in がつくと a, o, u, au はたいてい変音します。

§2 冠詞の用法

❶ **不定冠詞** 聞き手にとって未知の概念，はじめて話題にするものにつけ，「**ある一つの…**」という意味です。

> Was ist das*? ── これは何ですか。
> ヴァス イスト ダス
>
> Das ist **ein** Hund. これは [1頭の] 犬です。
> ダス イスト アイン フント

▷ ist das ... : この das は定冠詞ではなくて，英 *this, that* に相当する**指示代名詞**です。

❷ **定冠詞** 聞き手にとって既知の概念，すでに話題になったものにつけ，「**その…**」という意味です。

> **Der** Hund ist braun. その犬は茶色です。
> デア フント イスト ブラオン

定冠詞はまた単数名詞につけて種属を代表させ，「**そもそも…というものは**」という意味に使われます。これを**代表的単数**といいます。

> **Der** Hund ist ein Tier. [そもそも] 犬 [というもの] は動物です。
> デア フント イスト アイン ティーア
>
> **Der** Mensch ist sterblich. [そもそも] 人間 [というもの] は死すべきものです。
> デア メンシュ イスト シュテルプリヒ

なお，不定冠詞も「…というものは」という意味に用いることがあります。

> **Ein** Mensch ist sterblich. 人間は死すべきものです。
> アイン メンシュ イスト シュテルプリヒ

Übung（練習）
ユーブング

A 日本語に訳しなさい。

1. Der Garten ist groß.
   デア ガルテン イスト グロース

2. Die Kirche ist schön.
   ディー キルヒェ イスト シェーン

3. Das Haus ist klein.
   ダス ハオス イスト クライン

4. Hier ist eine Katze.
   ヒーア イスト アイネ カッツェ

5. Der Mensch ist auch ein Tier.
   デア メンシュ イスト アオホ アイン ティーア

● 単　語

groß	大きい	**schön**	美しい
klein	小さい	**hier**	ここに
auch	もまた		

B　ドイツ語に訳しなさい。
1. これは何ですか。— これは家です。
2. ここに犬がいます。その犬は大きい。
3. 人生（Leben 中）は一つの旅（Reise 女）です。

解　答

A　1. その庭は大きい。
　　2. その教会は美しい。
　　3. その家は小さい。
　　4. ここに［1匹の］猫がいます。
　　5. 人間も動物です。

B　1. Was ist das? — Das ist ein Haus.
　　2. Hier ist ein Hund. Der Hund ist groß.
　　3. Das Leben ist eine Reise.

名詞の性の見分け方（2）

● 複合名詞の性は最後の名詞の性に従う

　　der Bahnhof　　駅（＜die Bahn 軌道＋der Hof 屋敷）
　　バーンホーフ

　　die Abendschule　夜学（＜der Abend 晩＋die Schule 学校）
　　アーベントシューレ

　　das Tischtennis　卓球（＜der Tisch テーブル＋das Tennis テニス）
　　ティッシュテニス

Lektion 2 (zwei)
レクツィオーン　ツヴァイ

動詞の現在形（1）

> **Lernst** du Deutsch? — Ja, ich **lerne** Deutsch.
> レルンスト　ドゥー　ドイチュ　　　　ヤー　イヒ　レルネ　ドイチュ
>
> 君はドイツ語を学んでいますか。　——はい，私はドイツ語を学んでいます。

[逐語訳] du 君は　Deutsch ドイツ語を　lernst 学ぶか。　ja はい，ich 私は　Deutsch ドイツ語を　lerne 学ぶ。

　▶ 疑問文をつくるには英語の *do* のような助動詞を用いる必要はなく，ただ主語と定動詞を逆にします。

§1 不定詞と定動詞

❶ 動詞の原形を**不定詞**（Infinitiv [インフィニティーフ]）といい，大部分が -en の語尾を持っていますが，単に -n だけの動詞も少数あります。

-en のもの		-n のもの	
lernen レルネン	学ぶ	**sein** ザイン	ある（英 *be*）
trinken トリンケン	飲む	**tun** トゥーン	する
gehen ゲーエン	行く	**wandern** ヴァンダーン	ハイキングする
kommen コンメン	来る	**angeln** アンゲルン	釣りをする
lieben リーベン	愛する	**lächeln** レッヒェルン	ほほえむ

不定詞から -en また -n を取り去った部分を語幹といいます。

　　　　　　　　語幹　語尾
　　　不定詞： **lern - en**

❷ 不定詞には主語はありません。これに対し「私は学ぶ」とか，「彼は学ぶ」というように主語が**定**まって，その人称・数などによって変化（これを人称変化といいます）した形を**定動詞**（finites Verb フィニーテス・ヴェルプ）または定形といいます。

定動詞： ich **lerne** 私は学ぶ
イヒ　レルネ

du **lernst** 君は学ぶ
ドゥー　レルンスト

§2 主語になる人称代名詞

		単　　数		複　　数	
1人称		ich イヒ	私は	wir ヴィーア	私たちは
2人称	親称	du ドゥー	君は	ihr イーア	君たちは
	敬称	Sie ズィー	あなたは	Sie ズィー	あなたがたは
3人称	男性	er エア	彼は		
	女性	sie ズィー	彼女は	sie ズィー	彼ら〈彼女ら/それら〉は
	中性	es エス	それは		

● **親称2人称と敬称2人称**

2人称には2種類あります。**親称2人称** du，ihr は心理的な距離を置かずに話せる相手（家族・親戚・親友・恋人や15歳位以下の子供や神・動物等）に対して用い，それ以外の者に対しては3人称複数の人称代名詞 sie「彼ら」を大文字にした Sie [ズィー] を単数にも複数にも用います。これを**敬称2人称**といいます。なお，1人称の ich は英語の *I* とは異なり，文頭になければ**小文字**で書きます。

▶ du, ihr は便宜上「君」「君たちは」と訳をつけましたが，実際には必ずしもこの訳語があてはまるとは限りません。たとえば，妻は夫に向かって du と言いますが，この場合はふつう「あなた」と訳すべきでしょう。また，上役が若い社員に対して Sie と言う場合には「君は」と訳さなければならないこともあります。

§3 基本的な現在人称変化

大部分の動詞は不定詞の語幹をもとにして，次のように人称変化します。

不定詞　**lern - en**　学ぶ
　　　　語幹　語尾
　　　レルネン

	単　数	複　数
1人称	ich lerne 私は学ぶ イヒ レルネ	wir lernen 私たちは学ぶ ヴィーア レルネン
親　称 2人称	du lern**st** 君は学ぶ ドゥー レルンスト	ihr lern**t** 君たちは学ぶ イーア レルント
3人称	er 彼は エア sie lernt 彼女は 〉学ぶ ズィー レルント es それは エス	sie lernen 彼ら〈彼女ら/ ズィー レルネン　それら〉は学ぶ
敬称2人称	Sie lernen あなた〔がた〕は学ぶ ズィー レルネン	

● **この変化をする動詞**

trinken 飲む	lieben 愛する
トリンケン	リーベン
gehen 行く	kommen 来る
ゲーエン	コンメン
danken 礼を言う	rauchen タバコを吸う *etc.*
ダンケン	ラオヘン

　3人称単数の人称代名詞 er, sie, es は変化表では簡単にするため，ふつう er で代表させます。また敬称2人称は3人称複数の人称代名詞を大文字で書いたものなので，変化表では省くのがふつうです。そのようにして人称語尾だけを示すと次のようになります。

不定詞　—en

ich —**e**	wir —**en**
du —**st**	ihr —**t**
er —**t**	sie —**en**

§4 語尾に注意すべき動詞

❶ 語幹が t, d などに終る動詞

語幹が **t, d** や **chn, ffn, tm** などに終る動詞は du, er〈sie/es〉, ihr に対する語幹 -st, -t の前に口調（くちょう）の **e** を入れて発音しやすくします。

warten 待つ
ヴァルテン

ich	warte ヴァルテ	wir	warten ヴァルテン
du	wart**e**st ヴァルテスト	ihr	wart**e**t ヴァルテット
er	wart**e**t ヴァルテット	sie	warten ヴァルテン

finden 見つける
フィンデン

ich	finde フィンデ	wir	finden フィンデン
du	find**e**st フィンデスト	ihr	find**e**t フィンデット
er	find**e**t フィンデット	sie	finden フィンデン

● この変化をする動詞

arbeiten 働く
アルバイテン

öffnen 開ける
エフネン

reden 語る
レーデン

rechnen 計算する　*etc.*
レヒネン

❷ 語幹が [s] [ts] の音に終る動詞

語幹が **s, ss, ß, z, tz,** つまり [s], [ts] の音に終る動詞は du —t となります。-st の s が直前の [s] や [ts] の音に吸い込まれて t だけになったと考えられます。

tanzen ダンスをする
タンツェン

ich	tanze タンツェ	wir	tanzen タンツェン
du	tanz**t** タンツト	ihr	tanzt タンツト
er	tanzt タンツト	sie	tanzen タンツェン

reisen 旅行する
ライゼン

ich	reise ライゼ	wir	reisen ライゼン
du	reist ライスト	ihr	reist ライスト
er	reist ライスト	sie	reisen ライゼン

▶ du に対する語尾は -est になることもあります。du tanzest, du reisest, ただし, この形は古めかしい感じです。

● この変化をする動詞

küssen キスする
キュッセン

heißen …という名である
ハイセン

hassen 憎む
ハッセン

sitzen 座っている　*etc.*
ズィッツェン

❸ **不定詞が -n に終る動詞**

1人称・3人称複数の定動詞は不定詞と同じく -n です。

tun する
トゥーン

ich	tue	wir	tu**n**
	イヒ	トゥーエ	ヴィーア	トゥーン
du	tust	ihr	tut
	ドゥー	トゥースト	イーア	トゥート
er	tut	sie	tu**n**
	エア	トゥート	ズィー	トゥーン

lächeln ほほえむ
レッヒェルン

ich	**lächle**	wir	lächel**n**
	レッヒレ		レッヒェルン
du	lächelst	ihr	lächelt
	レッヒェルスト		レッヒェルト
er	lächelt	sie	lächel**n**
	レッヒェルト		レッヒェルン

◘ lächeln など -eln で終る動詞は，1人称単数が ich lächele となるべきところ，前の e を省いて ich lächle とします。なお，wandern のように -ern に終る動詞は現代ドイツ語では e を省かないのがふつうです。ich wandere（wandre はまれ）

● **この変化をする動詞**

wandern ハイキングする　plaudern おしゃべりする
ヴァンダーン　　　　　　プラオダーン
wechseln 替える　　　　 handeln 行動する　　etc.
ヴェクセルン　　　　　　ハンデルン

> 📖 **辞書のひきかた**
>
> 　動詞は不定詞が辞書の見出し語になっています。人称変化した形，つまり定動詞は不規則なもの以外は見出し語になっていません。したがって定動詞は不定詞に戻して調べなければなりません。
>
> 　たとえば
>
> 　Er liebt ...
>
> という文の liebt が分からなかったならば，liebt をひくのではなく，liebt から3人称単数の語尾 -t を除いて，それに不定詞語尾 -en をつけた lieben の形でひくのです。注意すべきは Ich lächle などで，これの不定詞は lächlen でなくて lächeln です。

§5 現在形の用法

ドイツ語には英語と違って進行形がありません。英語の現在進行形・現在完了進行形・現在形はどれもドイツ語では現在形で表現します。

❶ **現在行われつつある動作**（英 現在進行形）

　Was tut sie gerade? — Sie tanzt.
　ヴァス トゥート ズィー ゲラーデ　　ズィー タンツト

彼女はいま何をしていますか。— 彼女はダンスをしています。
（gerade「ちょうどいま」）

❷ 過去から引き続き現在も行われている動作（英 現在完了進行形）

Ich lerne seit April Deutsch.
イヒ レルネ ザイト アプリル ドイチュ

私は4月からドイツ語を学んでいます。（seit「…以来」）

❸ 現在の習慣的な動作・一般的真理

Der Vater raucht nicht.
デア ファーター ラオホト ニヒト

父はタバコを吸いません。（nicht ＝ 英 not）

Zwei und drei ist fünf.
ツヴァイ ウント ドライ イスト フュンフ

2＋3＝5

❹ 未来に行われる動作

Wann kommt die Tante? — Sie kommt morgen.
ヴァン コムト ディー タンテ ズィー コムト モルゲン

おばはいつ来ますか。— 彼女はあす来ます。

▶ 未来形（→ 12課§11）を用いると，推量や意志等のニュアンスが加わります。

Übung（練習）
ユーブング

A 日本語に訳しなさい。

1. Ich lerne Deutsch und du lernst Englisch.
   イヒ レルネ ドイチュ ウント ドゥー レルンスト エングリッシュ

2. Der Vater wartet, aber der Gast kommt nicht.
   デア ファーター ヴァルテット アーバー デア ガスト コムト ニヒト

3. Trinken Sie Bier? — Ja, ich trinke Bier.
   トリンケン ズィー ビーア ヤー イヒ トリンケ ビーア

4. Ihr plaudert nur und arbeitet nicht.
   イーア プラオダート ヌーア ウント アルバイテット ニヒト

5. Was tut er da? — Er rechnet.
   ヴァス トゥート エア ダー エア レヒネット

6. Wandern Sie gern? — Nein, ich wandere nicht gern.
   ヴァンダーン ズィー ゲルン ナイン イヒ ヴァンデレ ニヒト ゲルン

7. Kommst du gleich? — Ja, ich komme gleich.
   コムスト ドゥー グライヒ　　ヤー　イヒ　コンメ　グライヒ
8. Wie heißen Sie ⟨Wie heißt du⟩? — Ich heiße Peter Braun.
   ヴィー ハイセン ズィー　ヴィー ハイスト ドゥー　　イヒ　ハイセ　ペーター ブラオン

● 単　語

und	そして	**Englisch** 中	英語
aber	しかし	**Gast** 男	客
nur	ただ…だけ	**da**	そこで⟨に⟩
gern	好んで	**nein**	いいえ
gleich	すぐに	**wie**	いかに，どのように

B　ドイツ語に訳しなさい。

1. 彼はコーヒー（Kaffee 男 無冠詞）を飲み，そして私は紅茶（Tee 男 ）を飲みます。
2. 君（親称）は働くだけで，おしゃべりしません。
3. あなたはそこで何をしているのですか。— 私はお金（Geld 中 無冠詞）を両替しています（wechseln）。

解　答

A　1. 僕はドイツ語を学び，そして君は英語を学ぶ。
　　2. 父は待っている。しかし客は来ません。
　　3. あなたはビールを飲みますか。— はい，私はビールを飲みます。
　　4. 君たちはおしゃべりするだけで働きません。
　　5. 彼はそこで何をしていますか。— 彼は計算しています。
　　6. あなたはハイキングするのが好きですか。— いいえ，私はハイキングするのが好きではありません。
　　7. 君はすぐに来ますか。— はい，僕はすぐ来ます。
　　8. あなた⟨君⟩は何という名前ですか。— 私はペーター・ブラオンという名前です。

B　1. Er trinkt Kaffee und ich trinke Tee.
　　2. Du arbeitest nur und plauderst nicht.
　　3. Was tun Sie da? — Ich wechsle Geld.

Lektion 3 (drei)
レクツィオーン　ドライ

冠詞と名詞の格変化

> **Der** Sohn **des** Mannes bringt **dem** Lehrer **den** Brief.
> デア　ゾーン　デス　マンネス　ブリングト　デム　レーラー　デン　ブリーフ
>
> その男の息子は先生にその手紙を持って行く。

逐語訳　des Mannes その男の　der Sohn 息子は　dem Lehrer 教師に　den Brief その手紙を　bringt 持って行く。

§1　名詞の格

名詞は文中の他の要素との関係を示すために四つの格を持っています。これらの格はだいたい日本語の **が・の・に・を** に相当する働きを持っています。格は主として冠詞などの格変化によって示されます。

1格　**Der Vater** spielt Violine.
デア　ファーター　シュピールト　ヴィオリーネ
父が〈は〉ヴァイオリンを弾きます。

2格　Der Hut **des Vaters** ist alt.
デア　フート　デス　ファータース　イスト　アルト
父の帽子は古い。

3格　Der Gast dankt **dem Vater**.
デア　ガスト　ダンクト　デム　ファーター
客は父に礼を言います。

4格　Wir lieben **den Vater**.
ヴィーア　リーベン　デン　ファーター
私たちは父を愛しています。

§2　冠詞の格変化

まず定冠詞の格変化を覚えましょう。der, des, dem, den ... というふうに九々を覚えるときのように暗記しましょう。

定冠詞

	単 数			複 数
	男 性	女 性	中 性	各性共通
１格	der デア	die ディー	das ダス	die ディー
２格	des デス	der デア	des デス	der デア
３格	dem デム	der デア	dem デム	den デン
４格	den デン	die ディー	das ダス	die ディー

不定冠詞は△印の3箇所に語尾がありません。

不定冠詞

	単 数			複 数
	男 性	女 性	中 性	各性共通
１格	ein △ アイン	eine アイネ	ein △ アイン	な し
２格	eines アイネス	einer アイナー	eines アイネス	
３格	einem アイネム	einer アイナー	einem アイネム	
４格	einen アイネン	eine アイネ	ein △ アイン	

§3 定冠詞と名詞の格変化

こんどは名詞に定冠詞をつけて格変化してみましょう。名詞そのものには男性・中性2格で -es または -s がつくだけです。女性名詞は単数では格変化しません。

	男 性	女 性	中 性
１格	der Vater 父が デア ファーター	die Mutter 母が ディー ムッター	das Kind 子供が ダス キント
２格	des Vaters 父の デス ファータース	der Mutter 母の デア	des Kindes 子供の デス キンデス
３格	dem Vater 父に デム	der Mutter 母に デア	dem Kind 子供に デム
４格	den Vater 父を デン	die Mutter 母を ディー	das Kind 子供を ダス

🔹 男性単数以外の冠詞類や名詞は1格と4格が必ず同形です。

● 男性・中性名詞2格は -es か -s か

① 1音節の場合は -es がふつうです。

  der Mann 男 → des Mannes （des Manns はまれ）
  マン　　　　　　マンネス　　　　　マンス

  das Kind 子供 → des Kindes （des Kinds はまれ）
  キント　　　　　キンデス　　　　　キンツ

② 2音節以上の場合は現代ドイツ語では -s の方がふつうです。とくに -el, -en, -er に終る名詞は発音がだれないように必ず -s だけにします。

  der Geburtstag 誕生日 → des Geburtstags （des Geburtstages はまれ）
  ゲブーアツターク　　　　　ゲブーアツタークス

  der Vater 父 → des Vaters （des Vateres は誤り）
  ファーター　　　　ファータース

  das Leben 人生 → des Lebens （des Lebenes は誤り）
  レーベン　　　　　レーベンス

③ [s] [ts] の音で終るものは -s だけでは発音がはっきりしないので，音節数にかかわらず必ず -es にします。

  der Tanz ダンス → des Tanzes （des Tanzs は誤り）
  タンツ　　　　　　タンツェス

  das Hochhaus 高層ビル → des Hochhauses （des Hochhauss は誤り）
  ホーホハオス　　　　　　　ホーホハオゼス

● 男性・中性名詞3格の e

 2格で -es の語尾をつけることのできる名詞は，古くは3格で dem Kinde のように -e をつけましたが，現代ドイツ語ではすたれて，前置詞を伴う熟語や成句などで時折り見られるにすぎません。

  Er geht nach **Hause** 〈Haus〉.
  エア ゲート ナーハ ハオゼ ハオス
   彼は家へ帰る。(前置詞 nach「…へ」のあとの名詞・代名詞は3格になります。)

  Wir wohnen auf dem **Lande** 〈Land〉.
  ヴィーア ヴォーネン アオフ　　　ランデ　　　ラント
   私たちは田舎に住んでいる。

§4 2格の位置

 2格の名詞はふつう他の名詞のあとに置かれます。

  das Zimmer **des Vaters**　父の部屋
  ダス ツィンマー デス ファータース

  die Liebe **der Mutter**　母の愛
  ディー リーベ デア ムッター

2格の方を前に置くこともないではありませんが，これはたいてい詩的な表現ですから，やたらに真似してはいけません。

des Mondes Licht = das Licht des Mondes　月の光
モーンデス　リヒト

なお，2格を前に置くと，あとの名詞の冠詞は省かれます。

§5 不定冠詞と名詞の格変化

次に念のために不定冠詞をつけた場合の格変化を示します。

	男　性	女　性	中　性
1格	ein　Tisch テーブル アイン　ティッシュ	eine　Kirche 教会 アイネ　キルヒェ	ein　Leben 人生 アイン　レーベン
2格	eines Tisches アイネス ティッシェス	einer Kirche アイナー	eines Lebens アイネス レーベンス
3格	einem Tisch アイネム	einer Kirche アイナー	einem Leben アイネム
4格	einen Tisch アイネン	eine Kirche アイネ	ein Leben アイン

Übung（練習）
ユーブング

A　日本語に訳しなさい。

1. Das Haar des Sohnes ist lang.
   ダス　ハール　デス　ゾーネス　イスト　ラング

2. Die Liebe der Mutter ist groß.
   ディー　リーベ　デア　ムッター　イスト　グロース

3. Der Sohn sagt nur der Mutter die Wahrheit.
   デア　ゾーン　ザークト　ヌーア　デア　ムッター　ディー　ヴァールハイト

4. Das Kind ist einem Engel ähnlich.
   ダス　キント　イスト　アイネム　エンゲル　エーンリヒ

5. Inge ist die Tochter eines Arztes.
   インゲ　イスト　ディー　トホター　アイネス　アールツテス

6. Ein Schüler schreibt dem Verfasser des Buches einen Brief.
   アイン　シューラー　シュライプト　デム　フェアファッサー　デス　ブーヘス　アイネン　ブリーフ

7. Die Lehrerin lobt das Bild des Schülers.
   ディー　レーレリン　ロープト　ダス　ビルト　デス　シューラース

8. Der Zweifel ist die Mutter der Wahrheit.
   デア　ツヴァイフェル　イスト　ディー　ムッター　デア　ヴァールハイト

● 単　語

Haar	中 毛髪	lang	長い
Liebe	女 愛	sagen	言う
Wahrheit	女 真実，真理	Engel	男 天使
ähnlich	似ている	Arzt	男 医者
Schüler	男 生徒	schreiben	書く
Verfasser	男 著者	Buch	中 本
loben	ほめる	Bild	中 絵
Zweifel	男 疑念		

B　ドイツ語に訳しなさい。
1. 人生は［一つの］旅（Reise 女）に似ています。
2. Inge はある女性教師の息子を愛しています。
3. 新聞（Zeitung 女）は時代（Zeit 女）の鏡（Spiegel 男）です。

解　答

A　1. 息子の髪は長い。
　　2. 母の愛は大きい。
　　3. 息子は母にだけ真実を言う。
　　4. 子供は天使に似ている。
　　5. インゲは医者の娘です。
　　6. ある生徒がその本の著者に手紙を書く。
　　7. 女性教師はその生徒の絵をほめる。
　　8. 疑惑は真理の母である。

B　1. Das Leben ist einer Reise ähnlich.
　　2. Inge liebt den Sohn einer Lehrerin.
　　3. Die Zeitung ist der Spiegel der Zeit.

形容詞は副詞としても用いる

形容詞	Sie ist **schön**. ズィー　シェーン	彼女は美しい。
副　詞	Sie singt **schön**. ズィングト	彼女は美しく歌う。

Lektion 4 (vier)
レクツィオーン　フィーア

動詞の現在形（2）

> **Ich schlafe lange, aber Mutter schläft nur kurz.**
> イヒ　シュラーフェ　ランゲ　アーバー　ムッター　シュレーフト　ヌーア　クルツ
>
> 私は長く眠ります。しかし母は短時間しか眠りません。

逐語訳 ich 私は　lange 長く　schlafe 眠る，aber しかし　Mutter 母は　kurz 短く　nur だけ　schläft 眠る．

§1 a → ä 型動詞

現在人称変化の際 du と er〈sie / es〉に対する定動詞の語幹の母音が変わる動詞があります。a が ä に変わる a→ä（アー・エー）型動詞と，e が i または ie に変わる e → i[e]（エー・イー）型動詞の2種類あります。

schlafen 眠る（a → ä）
シュラーフェン

ich	schlafe	wir	schlafen
	シュラーフェ		シュラーフェン
du	**schläfst**	ihr	schlaft
	シュレーフスト		シュラーフト
er	**schläft**	sie	schlafen
	シュレーフト		シュラーフェン

● この変化をする動詞

fallen	落ちる	du	fällst	er	fällt
ファレン			フェルスト		フェルト
fahren	乗物で行く	du	fährst	er	fährt
ファーレン			フェーアスト		フェーアト
halten	保つ, 止まる	du	**hältst**	er	**hält**
ハルテン			ヘルツト		ヘルト
laden	積む	du	**lädst**	er	**lädt**
ラーデン			レーツト		レート
laufen	走る	du	läufst	er	läuft
ラオフェン			ロイフスト		ロイフト

schlagen	打つ	du	schlägst	er	schlägt
tragen	運ぶ, 身につけている	du	trägst	er	trägt

▶ この種の動詞には太字の箇所のように子音も不規則なものがあります。なお，上例の halten, laden のように語幹が t や d に終っていても du, er のところで口調の **e** が入りません。ただし ihr のところでは e が入ります。ihr haltet; ihr ladet

Wohin fahren Sie? — Ich fahre nach Deutschland und Peter fährt nach Frankreich.

あなたがたはどこへ行くのですか。— 私はドイツへ行き，そしてペーターはフランスへ行きます。

Was trägst du da? — Ich trage einen Computer.

君はそこで何を運んでいるの。— 僕はコンピューターを運んでいます。

§2 e → i[e]型動詞

sprechen 話す (e → i)

ich spreche	wir sprechen
du **sprichst**	ihr sprecht
er **spricht**	sie sprechen

sehen 見る (e → ie)

ich sehe	wir sehen
du **siehst**	ihr seht
er **sieht**	sie sehen

●この変化をする動詞

essen	食べる	du	**isst**	er	**isst**
geben	与える	du	**gibst**	er	**gibt**
helfen	助ける	du	**hilfst**	er	**hilft**
sterben	死ぬ	du	**stirbst**	er	**stirbt**
treten	歩む, 踏む	du	**trittst**	er	**tritt**
nehmen	取る	du	**nimmst**	er	**nimmt**

befehlen 命ずる	du befiehlst	er befiehlt
ベフェーレン	ベフィールスト	ベフィールト
lesen 読む	du liest	er liest
レーゼン	リースト	リースト
stehlen 盗む	du stiehlst	er stiehlt
シュテーレン	シュティールスト	シュティールト

➡ 太字の箇所は子音も不規則です。

Ich **spreche** nur Deutsch, aber Vater **spricht** auch Englisch.
イヒ シュプレッヒェ ヌーア ドイチュ アーバー ファーター シュプリヒト アオホ エングリッシュ

私はドイツ語しか話しません。しかし父は英語も話します。

Wir **sehen** gut, aber Großmutter **sieht** nicht gut.
ヴィーア ゼーエン グート アーバー グロースムッター ズィート ニヒト グート

私たちは目がいい。しかし祖母は目がよくありません。(gut sehen「よく見る」→「目がいい」)

§3 sein と haben

sein「ある」(英 be) は現在の人称変化が全面的に不規則です。また haben「持っている」(英 have) は du と er〈sie / es〉に対する定動詞が habst, habt となるべきところ，b が脱落して du hast, er hat となっています。

sein ある		haben 持っている	
ザイン		ハーベン	
ich **bin** ビン	wir **sind** ズィント	ich **habe** ハーベ	wir **haben** ハーベン
du **bist** ビスト	ihr **seid** ザイト	du **hast** ハスト	ihr **habt** ハープト
er **ist** イスト	sie **sind** ズィント	er **hat** ハット	sie **haben** ハーベン

Sind Sie krank? — Nein, ich **bin** nur müde.
ズィント ズィー クランク ナイン イヒ ビン ヌーア ミューデ

あなたは病気ですか。— いいえ，私は疲れているだけです。

Hast du heute Zeit? — Nein, aber Peter **hat** immer Zeit.
ハスト ドゥー ホイテ ツァイト ナイン アーバー ペーター ハット インマー ツァイト

君はきょう時間がありますか。— いいえ，しかしペーターはいつでも時間があります。

§4 werden と wissen

werden「…になる」（英 *become*）は e→i[e] 型動詞の変種，wissen「知っている」（英 *know*）は単数語幹が不定詞と異なる上，1人称・3人称単数で語尾がなく同形であるという点できわ立った特徴を持っています。

werden …になる
ヴェーアデン

ich	werde	wir	werden
	ヴェーアデ		ヴェーアデン
du	**wirst**	ihr	werdet
	ヴィルスト		ヴェーアデット
er	**wird**	sie	werden
	ヴィルト		ヴェーアデン

wissen 知っている
ヴィッセン

ich	**weiß**	wir	wissen
	ヴァイス		ヴィッセン
du	**weißt**	ihr	wisst
	ヴァイスト		ヴィスト
er	**weiß**	sie	wissen
	ヴァイス		ヴィッセン

▶ wissen の ss が単数のところだけ ß になっているのは，ss は短母音のあとだけに用い，それ以外は ß を用いるという正書法の規則によるものです。（→ 9 ページ）

Wirst du oft krank? — Nein, ich **werde** selten krank.
ヴィルスト ドゥー オフト クランク　　ナイン　イヒ　ヴェーアデ　ゼルテン　クランク

君はしばしば病気になりますか。— いいえ，私はめったに病気になりません。

（selten「めったに…ない」 英 *seldom, rarely*）

Gott **weiß** alles, aber wir **wissen** nichts.
ゴット ヴァイス アレス アーバー ヴィーア ヴィッセン　ニヒツ

神はすべてを知っている。しかしわれわれは何も知らない。

§5 無冠詞の用法

❶ **国籍・身分・職業を表す名詞**が sein, werden, bleiben と結んで述語になるとき。

Ich bin **Japaner**〈**Student / Arzt**〉.
イヒ ビン ヤパーナー　　シュトゥデント　アールツト

私は日本人〈大学生/医者〉です。

Bald wird er **Lehrer**.
バルト ヴィルト エア レーラー

まもなく彼は教師になる。

❷ **物質名詞**やそれに準ずる名詞が若干量を表すとき。

Wir essen **Brot**, nur Vater isst **Reis**.
ヴィーア エッセン ブロート ヌーア ファーター イスト ライス

私たちはパンを食べ，父だけがお米を食べます。

Er hat **Mut** 〈**Zeit / Hunger**〉.
エア ハット ムート ツァイト フンガー

彼は勇気が〈時間が／空腹で〉ある。(Mut 男「勇気」, Zeit 女「時間」「暇」, Hunger 男「空腹」)

Der Zug hat **Verspätung**.
デア ツーク ハット フェアシュペートゥング

列車が遅れている。(Verspätung 女「遅れ」)

❸ **熟語中の名詞**には無冠詞のものが多い。

Ich gehe jetzt nach **Hause**.
イヒ ゲーエ イェツト ナーハ ハオゼ

私はこれから家に帰ります。(jetzt「いま」)

Er nimmt hier **Platz**.
エア ニムト ヒーア プラッツ

彼はここに腰かける。(Platz nehmen「席につく」, Platz 男「座席」)

Sie fährt gern **Auto**.
ズィー フェーアト ゲルン アオトー

彼女は車の運転が好きです。(Auto fahren「自動車を運転する」)

▷ 熟語動詞を不定詞句で挙げるときは、英語と違って動詞を最後に置きます。

📖 辞書のひきかた

Er fährt nach Deutschland.

この文の fährt が分からないとします。er fährt の語尾 -t を -en に変え、fähren を辞書でひいても出ていません。その場合 du, er〈sie / es〉で幹母音の変わる動詞のことを思い出して、ä を a に戻して fahren としてひけばよいわけです。また、ふつう fährt はそのままで見出し語になって出ており、そこには fährt → fahren とありますから、はじめのうちはあれこれ考えずに出会った単語の形のままでひいてみるのも一つの方法です。なお、冒頭の文で fährt が分からなくても、Er「彼は」と nach Deutschland「ドイツへ」が分かっていれば、fährt が「行く」とか「旅行する」とか当らずとも遠からずの意味は辞書をひかなくても見当がつくはずです。分からない単語があったからといって、いきなり辞書をひくのではなくて、まず見当をつけたあとで、その見当が当っているかどうかを辞書で確かめてみるという態度も語学力をつける上で大切なことです。

なお a → ä 型動詞や e → i[e] 型動詞はいわゆる強変化動詞(→12課§3)に属し、辞書や本書の巻末の変化表に3基本形とともに du, er〈sie / es〉に対する現在形が掲げられています。

Übung (練習)

A 日本語に訳しなさい。

1. Sind Sie Japaner? — Nein, ich bin Chinese.
2. Das Baby hat morgen Geburtstag. Dann wird es ein Jahr alt.
3. Die Uhr schlägt zehn, aber sie schläft immer noch.
4. Sprichst du Französisch? — Nein, ich spreche nur Deutsch.
5. Er nimmt Urlaub und fährt nach Italien.
6. Du bist krank. Du hast Fieber.
7. Was lest ihr? — Ich lese die Bibel und Jürgen liest die Zeitung.
8. Ich vergesse alles, aber Mutter vergisst nichts.

● 単 語

Chinese	男 中国人	**dann**	その時，それから
Jahr	中 年	**Uhr**	女 時計
zehn	10	**immer noch**	相変らず
Französisch	中 フランス語	**Urlaub**	男 (勤め人の)「休暇」
Italien	中 イタリア	**Fieber**	中 熱
Bibel	女 聖書	**vergessen**	忘れる

B ドイツ語に訳しなさい。

1. 君（親称）はよく (gut) 眠りますか。— はい，私はいつもよく眠ります。
2. あなた（敬称）はそれを (es) 知っていますか。— いいえ，私はそれを知りません。
3. 君（親称）は病気ですか。— いいえ，私はただ空腹なだけです。

解 答

A 1. あなたは日本人ですか。― いいえ，私は中国人です。
   2. 赤ん坊はあす誕生日です。そうすると1歳になります。
   3. 時計が10時を打ちます。しかし彼女は相変らず眠っています。
   4. 君はフランス語を話しますか。― いいえ，私はドイツ語しか話しません。
   5. 彼は休暇をとって，イタリアへ行きます。
   6. おまえは病気です。おまえは熱があります。
   7. 君たちは何を読んでいるのですか。― 僕は聖書を読み，そしてユルゲンは新聞を読んでいます。
   8. 私はすべてを忘れます。しかし母は何も忘れません。

B 1. Schläfst du gut? ― Ja, ich schlafe immer gut.
   2. Wissen Sie es? ― Nein, ich weiß es nicht.
   3. Bist du krank? ― Nein, ich habe nur Hunger.

名詞の性の見分け方 (3)

●四季・方角・月名・曜日は男性

der Frühling 春　　der Sommer 夏　　der Herbst 秋
フリューリング　　　　ゾンマー　　　　　　ヘルプスト

der Winter 冬
ヴィンター

der Osten 東　　　der Westen 西　　　der Süden 南
　　　　　　　　　　　　　　　　　　　　ズューデン

der Norden 北

der Sonntag 日曜日　der Montag 月曜日　der Dienstag 火曜日
ゾンターク　　　　　モーンターク　　　　ディーンスターク

der Mittwoch 水曜日　der Donnerstag 木曜日
ミットヴォホ　　　　　ドンナースターク

der Freitag 金曜日　der Sonnabend 土曜日
フライターク　　　　ゾンアーベント

der Samstag 土曜日（主として南ドイツで）
ザムスターク

●自然現象は大部分男性

der Regen 雨　　　der Schnee 雪　　　der Donner 雷
レーゲン　　　　　シュネー　　　　　　ドンナー

der Reif 霜　　　　der Sturm 暴風雨　　der Tau 露
ライフ　　　　　　シュトゥルム　　　　タオ

Lektion 5 (fünf)
レクツィオーン　フュンフ

名詞の複数形

> Man nennt die Bibel das **Buch** der **Bücher**.
> マン　ネント　ディー　ビーベル　ダス　ブーフ　デア　ビューヒァー
>
> 聖書は書物の中の書物といわれます。

逐語訳　man 人は　die Bibel 聖書を　der Bücher 本（複数）の　das Buch 本と　nennt 呼びます。

◎ **man**：漠然と人を表す**不定代名詞**。なるべく訳さない方がよい。（→11課§6）

§1　4種の複数形

　英語ではふつう -s をつけて複数形をつくります。なかには *child → children*, *man → men* のようなものもありますが，これは例外です。ところがドイツ語ではこの関係が逆になっています。ドイツ語でも Auto ［アォトー］「自動車」は複数形が Autos ［アォトース］ですが，このようなS式複数形はむしろ例外で，*child → children*, *man → men* 式の方がふつうです。けれども一見不規則に見えるドイツ語の複数形も整理してみますと，次の四つの型になります。

	単複の関係	単　数	複　数	変音の有無
同尾式	＿＿＿ ［‥］	der Onkel おじ オンケル der Garten 庭 ガルテン	die Onkel オンケル die Gärten ゲルテン	変音するものとしないものがある
E式	＿＿＿ ［‥］e	der Hund 犬 フント der Gast 客 ガスト	die Hunde フンデ die Gäste ゲステ	変音するものとしないものがある
R式	＿＿＿ ‥er	das Buch 本 ブーフ das Kind 子供 キント	die Bücher ビューヒァー die Kinder キンダー	a, o, u, au は必ず変音する
N式	＿＿＿ ＿＿＿[e]n	die Frau 女 フラオ die Katze 猫 カッツェ	die Frauen フラオエン die Katzen カッツェン	絶対に変音しない

§2 性や語尾と複数形の関係

　名詞の複数形は，はじめのうちは der Hund → die Hunde，das Buch → die Bücher，die Katze → die Katzen というふうに口調で覚えていくのが一番いい方法ですが，名詞の性や語尾と複数形との間にはある程度の法則のようなものがあります。初歩のうちはあまり細かい規則はかえって煩わしいのですが，次のことは覚えておくと便利です。

❶ -el，-en，-er に終る男性・中性名詞は大部分同尾式

単　数	複　数
der Lehrer 教師 (レーラー)	die Lehrer
der Wagen 車 (ヴァーゲン)	die Wagen
das Mittel 手段 (ミッテル)	die Mittel
das Mädchen 少女 (メーチヒェン)	die Mädchen
der Garten 庭 (ガルテン)	die Gärten (ゲルテン)
der Bruder 兄〈弟〉(ブルーダー)	die Brüder (ブリューダー)

例外　der Vetter 従兄弟(いとこ) (フェッター) → die Vettern (フェッターン)

❷ 一音節の男性名詞はE式が多い

der Tag 日 (ターク)	die Tage (ターゲ)
der Berg 山 (ベルク)	die Berge (ベルゲ)
der Hund 犬 (フント)	die Hunde (フンデ)
der Arzt 医者 (アールツト)	die Ärzte (エールツテ)
der Sohn 息子 (ゾーン)	die Söhne (ゼーネ)
der Gast 客 (ガスト)	die Gäste (ゲステ)

例外　der Mann 男 (マン) → die Männer (メンナー); der Staat 国家 (シュタート) → die Staaten (シュターテン) *etc.*

❸ 一音節の中性名詞はR式が多い

das Buch 本 ブーフ		die Bücher ビューヒャー
das Haus 家 ハオス		die Häuser ホイザー
das Dorf 村 ドルフ		die Dörfer デルファー
das Land 国 ラント		die Länder レンダー
das Ei 卵 アイ		die Eier アイアー
das Kind 子供 キント		die Kinder キンダー
das Lied 歌 リート		die Lieder リーダー

例外　das Jahr 年 → die Jahre; das Bett ベッド → die Betten
　　　ヤール　　　　ヤーレ　　　　ベット　　　　　ベッテン

　　　das Schaf 羊 → die Schafe　*etc.*
　　　シャーフ　　　シャーフェ

❹ 女性名詞はN式が多い

なかでも -e に終る女性名詞は全部N式です。

die Frau フラオ	女, 妻	die Frauen フラオエン
die Tür テューア	戸	die Türen テューレン
die Zeitung ツァイトゥング	新聞	die Zeitungen ツァイトゥンゲン
die Blume ブルーメ	花	die Blumen ブルーメン
die Puppe プッペ	人形	die Puppen プッペン
die Insel インゼル	島	die Inseln インゼルン
die Schwester シュヴェスター	姉〈妹〉	die Schwestern シュヴェスターン

例外　die Mutter 母 → die Mütter; die Tochter 娘 → die Töchter;
　　　ムッター　　　　ミュッター　　　トホター　　　　　テヒター

　　　die Maus ハツカネズミ → die Mäuse　*etc.*
　　　マオス　　　　　　　　モイゼ

なお，女性名詞でR式のものは一つもありません。

§3 複数の格変化

複数の名詞は3格で -n をつけます。ただし die Frauen「女たち」のように複数1格が -n に終っているものには3格で n を重ねません。

		単数		
	1格	der Hund 犬 (フント)	das Buch 本 (ブーフ)	die Frau 女 (フラオ)

		複数		
	1格	die Hunde (フンデ)	die Bücher (ビューヒャー)	die Frauen (フラオエン)
	2格	der Hunde	der Bücher	der Frauen
	3格	den Hunden (フンデン)	den Büchern (ビューヒャーン)	den Frauen
	4格	die Hunde	die Bücher	die Frauen

§4 男性弱変化名詞

N式には女性名詞が多いのですが、なかには男性名詞もあります。男性でN式の名詞はたいてい単数2格で -es や -s の語尾がつかず、単数1格以外は全部 -en または -n の語尾がつきます。こういう名詞を男性弱変化名詞といいます。ほとんどが人または獣を表す名詞です。

	単	複
1格	der Mensch 人間 (メンシュ)	die Menschen
2格	des Menschen (メンシェン)	der Menschen
3格	dem Menschen	den Menschen
4格	den Menschen	die Menschen

	単	複
1格	der Junge 少年 (ユンゲ)	die Jungen
2格	des Jungen (ユンゲン)	der Jungen
3格	dem Jungen	den Jungen
4格	den Jungen	die Jungen

Der Feind des Menschen ist der Mensch.
デア ファイント デス メンシェン イスト デア メンシュ
人間の敵は人間である。

● この変化をする名詞

❶ -e に終る男性名詞の大部分

der Chinese 中国人	der Franzose フランス人
ヒネーゼ	フランツォーゼ
der Russe ロシヤ人	der Jude ユダヤ人
ルッセ	ユーデ
der Affe 猿	der Löwe ライオン etc.
アッフェ	レーヴェ

❷ 最後の音節にアクセントのある外来語の男性名詞

der Kommunist 共産主義者   der Polizist 警官
　　コムニスト　　　　　　　　　　ポリツィスト
der Philosoph 哲学者　　　　der Student 大学生
　　フィロゾーフ　　　　　　　　　シュトゥデント
der Soldat 兵士　　　　　　 der Astronom 天文学者 etc.
　　ゾルダート　　　　　　　　　　アストロノーム

❸ その他

der Bär クマ　　　　　　 der Narr 愚か者
　　ベーア　　　　　　　　　　　ナル
der Prinz 王子　　　　　　der Held 英雄
　　プリンツ　　　　　　　　　　ヘルト
der Christ キリスト教徒　　der Fürst 君主 etc.
　　クリスト　　　　　　　　　　フュルスト

▶ e に終るものは単数2・3・4格と複数全格に -n をつけ, e に終らないものは -en をつけます。

例外　der Nachbar 隣人 → des Nachbarn ...
　　　　ナハバール　　　　　　ナハバールン
　　　der Bauer 農夫 → des Bauern ...
　　　　バオアー　　　　　　　バオアーン

§5 S式複数形

英語・フランス語など近代外国語から来た外来名詞はたいてい -s をつけて複数形をつくります。このようなS式の名詞は複数3格で -n がつきません。

単 数			複 数	
das	Auto (アオトー)	自動車	die	Autos (アオトース)
die	Kamera (カメラ)	カメラ	die	Kameras (カメラス)
das	Sofa (ゾーファ)	ソファー	die	Sofas (ゾーファス) etc.

§6 特殊変化をする名詞

❶ Herr

男性弱変化名詞の変種です。単数2・3・4格が -n，複数は -en になります。

	単		複	
1格	der	Herr 紳士, 主人 (ヘア)	die	Herren (ヘレン)
2格	des	Herrn (ヘルン)	der	Herren
3格	dem	Herrn	den	Herren
4格	den	Herrn	die	Herren

❷ Name 型

Name「名前」の格変化は男性弱変化名詞に似ていますが，単数2格は -n でなく -ns です。

	単		複	
1格	der	Name 名前 (ナーメ)	die	Namen
2格	des	Namens (ナーメンス)	der	Namen
3格	dem	Namen (ナーメン)	den	Namen
4格	den	Namen	die	Namen

●この変化をする名詞

der Gedanke 考え   der Glaube 信仰
ゲダンケ   グラオベ
der Friede 平和   der Wille 意志   etc.
フリーデ   ヴィレ

▶ Name 型名詞には単数1格が -n で終る別形があります。

❸ Herz

Herz「心臓」「心」の格変化も Name 型に似ていますが，中性名詞ですから単数1格と4格が同形です。

	単	複
1格	das Herz 心臓 (ヘルツ)	die Herzen
2格	des Herzens (ヘルツェンス)	der Herzen
3格	dem Herzen (ヘルツェン)	den Herzen
4格	das Herz (ヘルツ)	die Herzen

§7 注意すべき複数形

❶ -in → -innen

男性名詞に -in をつけてつくった女性名詞は複数形が -innen となります。

単 数	複 数
die Ärztin 女医（＜der Arzt 医者）	die Ärztinnen
エールツティン　　　アールツト	エールツティネン
die Lehrerin 女教師（＜der Lehrer 教師）	die Lehrerinnen
レーレリン　　　レーラー	レーレリネン

❷ -is → -isse

-is に終る名詞は中性か女性ですが，複数形は -isse となります。中性の場合単数2格が -isses です。

das Gedächtnis 記憶   die Gedächtnisse
ゲデヒトニス   ゲデヒトニッセ
die Erkenntnis 認識   die Erkenntnisse
エアケントニス   エアケントニッセ

▶ この変化に似たもの：der Bus「バス」→ des Busses → die Busse
　　　　　　　　　　　　ブス　　　　　ブッセス　　　ブッセ

❸ **-or** [オア] → **-oren** [オーレン]

複数でアクセントの位置が移動します。

der Doktor 博士, 医師　　die Doktoren
ドクトア　　　　　　　　　ドクトーレン

der Professor 教授　　　die Professoren
プロフェッソア　　　　　　プロフェソーレン

der Motor モーター, エンジン　die Motoren *etc.*
モートア　　　　　　　　　モトーレン

❹ **その他**

外来語の名詞には不規則なものがあります。

das Thema 主題　　　die Themen ⟨Themata⟩
テーマ　　　　　　　　テーメン　　テーマタ

das Museum 博物館　die Museen
ムゼーウム　　　　　　ムゼーエン

das Material 原料　　die Materialien *etc.*
マテリアール　　　　　マテリアーリエン

📖 **辞書のひきかた**

　名詞は見出し語の次に 男 女 中 (または *m. f. n.*) の記号で性が示されており，その次に単数2格形と複数1格形が出ています。

　Buch [buːx] 中 (または *n.*) ―[e]s / Bücher 本

　上例で Buch は中性で単数2格が Buches または Buchs であり，複数1格が Bücher であること，つまりR式であることが分かります。女性名詞は，次のように複数1格形だけしか示されていないことがあります。

　Frau [frau] 女 (または *f.*) ―en 女

　なぜならば女性名詞は単数では変化しないからです。しかし近頃の辞書では **Frau** 女 ― / ―en のように単数2格形も示される傾向にありますので本書でもその表記に従うことにします。

　なお，男性弱変化名詞は次のように示されています。

　Mensch [mɛnʃ] 男 (または *m.*) ―en / ―en 人間

44

§8 複数形と冠詞の関係

❶ 不定冠詞には複数形がありませんから，不定冠詞のついた名詞は複数では無冠詞になります。いわゆる**不特定多数を表す無冠詞複数形**です。

  Ich kaufe **ein Buch**.　　　　　　私は［1冊の］本を買う。
  イヒ　カオフェ　アイン　ブーフ

  Ich kaufe **Bücher**.　　　　　　私は［何冊かの］本を買う。
  　　　　　　ビューヒャー

❷ 定冠詞つきの名詞は複数でももちろん定冠詞は残ります。

  Der Gast kommt morgen.　　　客はあす来ます。
  デア　ガスト　コムト　モルゲン

  Die Gäste kommen morgen.　　客たちはあす来ます。
  ディー　ゲステ　コンメン

❸ 定冠詞つき複数には「…はだいたい全部」という意味もあり，これを**概括的複数形**といいます。

  Die Studenten haben jetzt Ferien.
  　　　　　　　　　　　　イェツト　フェーリエン
  大学生たちはいま休暇です。（Ferien「休暇」は複数形だけの名詞です。）

  Den Kindern ist das Spiel alles.
  キンダーン　　　　　　シュピール　アレス
  子供たちにとっては遊びがすべてです。

Übung（練習）
ユーブング

A　日本語に訳しなさい。

1. Die Kinder sind den Engeln ähnlich.
　ディー　キンダー　ズィント　デン　エンゲルン　エーンリヒ

2. Jetzt sind die Tage lang und die Nächte kurz.
　イェツト　ズィント　ディー　ターゲ　ラング　ウント　ディー　ネヒテ　クルツ

3. Ein Apfel und ein Apfel sind zwei Äpfel.
　アイン　アプフェル　ウント　アイン　アプフェル　ズィント　ツヴァイ　エプフェル

4. Schränke, Tische, Stühle, Sofas und Betten sind Möbel.
　シュレンケ　ティッシェ　シュテューレ　ゾーファス　ウント　ベッテン　ズィント　メーベル

5. Wie viel Fenster hat das Zimmer? — Es hat nur ein Fenster.
　ヴィー　フィール　フェンスター　ハット　ダス　ツィンマー　　エス　ハット　ヌーア　アイン　フェンスター

6. Der Sohn eines Kommunisten ist nicht immer ein Kommunist.
   デア ゾーン アイネス コムニステン イスト ニヒト インマー アイン コムニスト
7. Die Vorlesungen der Professoren sind den Studenten langweilig.
   ディー フォーアレーズンゲン デア プロフェッソーレン ズィント デン シュトゥデンテン ラングヴァイリヒ
8. Den Männern ist die Arbeit alles. Den Frauen ist die Liebe alles.
   デン メンナーン イスト ディー アルバイト アレス デン フラオエン イスト ディー リーベ アレス

● 単 語

Nacht	女 — / ⸚e 夜	kurz	短い
Apfel	男 — s / ⸚ りんご	Schrank	男 —[e]s / ⸚e 洋服だんす
Stuhl	男 —[e]s / ⸚e いす	Möbel	中 —s / — 家具
wie viel	いくつの，どれだけの	Fenster	中 —s / — 窓
nicht immer	必ずしも…でない	Vorlesung	女 — / —en 講義
langweilig	退屈な	Arbeit	女 — / —en 仕事

B ドイツ語に訳しなさい。

1. 僕は1人のおば (Tante, 女 — / —n) と2人のおじを持っている。
   君 (親称) は2人のおばと1人のおじを持っている。
2. 猫たちは虎 (Tiger 男 —s / —) たちに似ている。
3. その警官の息子も警官 (無冠詞) になる。

解 答

A 1. 子供たちは天使たちに似ている。
   2. いまは日が長く，そして夜が短い。
   3. りんご1個とりんご1個でりんご2個です。
   4. 洋服だんす，テーブル，いす，ソファーそしてベッドは家具です。
   5. その部屋にはいくつ窓がありますか。— それには一つだけ窓があります。
   6. 共産主義者の息子は必ずしも共産主義者ではありません。
   7. その教授たちの講義は学生たちにとって退屈です。
   8. 男たちにとっては仕事がすべてです。女たちにとっては愛がすべてです。

B 1. Ich habe eine Tante und zwei Onkel. Du hast zwei Tanten und einen Onkel.
   2. Die Katzen sind den Tigern ähnlich.
   3. Der Sohn des Polizisten wird auch Polizist.

Lektion 6 (sechs)

定冠詞類と不定冠詞類

> **Dieser** Junge ist **mein** Sohn. この少年は私の息子です。
> ディーザー　ユンゲ　イスト　マイン　ゾーン

逐語訳　dieser この　Junge 少年は　mein 私の　Sohn 息子　ist です。

§1 定冠詞類（dieser 型）

次の格変化は定冠詞とほとんど同じなので，この変化をする語を定冠詞類といいます。

	単数			複数
	男性	女性	中性	各性共通
1格	dieser (ディーザー)	diese (ディーゼ)	dieses (ディーゼス)	diese (ディーゼ)
2格	dieses (ディーゼス)	dieser (ディーザー)	dieses (ディーゼス)	dieser (ディーザー)
3格	diesem (ディーゼム)	dieser (ディーザー)	diesem (ディーゼム)	diesen (ディーゼン)
4格	diesen (ディーゼン)	diese (ディーゼ)	dieses (ディーゼス)	diese (ディーゼ)

● この変化をする語

- **dieser** この（ディーザー）
- **jener** あの（イェーナー）
- **solcher** そんな（ゾルヒャー）
- **mancher** かなり多くの（マンヒャー）
- **welcher** どの（ヴェルヒャー）
- **aller** すべての（アラー）
- **jeder** どの…も（単数のみ）（イェーダー）

Welcher Wagen gefällt dem Vater, **dieser** oder **jener**?
ヴェルヒャー　ヴァーゲン　ゲフェルト　デム　ファーター　ディーザー　オーダー　イェーナー
どの車が父に気に入りましたか。あれですか，これですか。

▶ gefällt＜gefallen「気に入る」; dieser, jener: あとに Wagen を補って考える。

§2 不定冠詞類（mein 型）

次の格変化は不定冠詞と同じく△の3箇所に語尾がないので，この変化をする語を不定冠詞類といいます。

	単　数			複　数
	男　性	女　性	中　性	各性共通
1格	mein △ マイン	meine マイネ	mein △ マイン	meine マイネ
2格	meines マイネス	meiner マイナー	meines マイネス	meiner マイナー
3格	meinem マイネム	meiner マイナー	meinem マイネム	meinen マイネン
4格	meinen マイネン	meine マイネ	mein △ マイン	meine マイネ

● この変化をする語

❶ 否定冠詞

kein（英 *no, not a, not any*）
カイン

❷ 所有冠詞

mein 私の（<ich)　　**unser** 私たちの（<wir)
マイン　　　　　　　　　ウンザー

dein 君の（<du)　　　**euer** 君たちの（<ihr)
ダイン　　　　　　　　　オイアー

sein 彼の（<er)
ザイン

ihr 彼女の（<sie)　　 **ihr** 彼らの（<sie)
イーア　　　　　　　　　イーア

sein それの（<es)　　**Ihr** あなた[がた]の（<Sie)
ザイン　　　　　　　　　イーア

Mein（Meiner は誤り）Vater hat **kein**（keines は誤り）Auto.
マイン　　　　　　　　　ファーター ハット カイン　　　　　　アオトー

私の父は自動車を持っていません。

Unser Sohn liebt **Ihre** Tochter.
ウンザー　ゾーン　リープト　イーレ　トホター

私たちの息子はあなた[がた]の娘さんを愛しています。

念のため unser の格変化を次に示します。

	単　数			複　数
	男　性	女　性	中　性	各性共通
1格	unser △ ウンザー	unsere ウンゼレ	unser △ ウンザー	unsere ウンゼレ
2格	unser**es** ウンゼレス	unser**er** ウンゼラー	unser**es** ウンゼレス	unser**er** ウンゼラー
3格	unser**em** ウンゼレム	unser**er** ウンゼラー	unser**em** ウンゼレム	unser**en** ウンゼレン
4格	unser**en** ウンゼレン	unsere ウンゼレ	unser △ ウンザー	unsere ウンゼレ

unser や euer の語尾 -er は格語尾ではありません。したがって unser, unses, unsem, unsen でなく，unser, unseres, unserem, unseren と格変化します。なお，euer は語尾がつくと，次のように e を省きます。

　　　eueres → **eures**, euerem → **eurem**　　　*etc.*

unser の場合は現代ドイツ語では e を省かない方がふつうです。

　　　Unsere（unsre はまれ）Lehrerin ist die Mutter **eures** Lehrers.
　　　 ウンゼレ　　 ウンズレ　　　　　レーレリン　　　　　　ムッター　　オイレス　　レーラース
　　　　僕たちの（女の）先生は君たちの先生のお母さんです。

§3 否定冠詞の用法

否定冠詞は，肯定なら不定冠詞つきまたは無冠詞の場合に用いるのが原則です。

　　　　　　肯　定　　　　　　　　　　　　　　否　定
Ich habe ein Auto.　　　　　　　**Ich habe kein Auto.**
　　　　　アオトー　　　　　　　　　　　　　　　カイン
私は自動車を持っている。　　　　　　私は自動車を持っていない。

Er trinkt Wein.　　　　　　　　　**Er trinkt keinen Wein.**
　　　　ヴァイン　　　　　　　　　　　　　　　カイネン
彼はワインを飲む。　　　　　　　　　彼はワインを飲まない。

Wir haben Kinder.　　　　　　　**Wir haben keine Kinder.**
　　　　　キンダー　　　　　　　　　　　　　　カイネ
私たちには子供がいる。　　　　　　　私たちには子供がいない。

その他の場合は nicht で否定します。

Sie öffnet die Tür.　　　　　　　**Sie öffnet die Tür nicht.**
　　　　エフネット　　テューア　　　　　　　　　　　　　　　　ニヒト
彼女は戸を開ける。　　　　　　　　　彼女は戸を開けない。

§4 不定冠詞[類]の独立用法

❶ 不定冠詞や不定冠詞類（mein 型）はあとに名詞が省かれて独立して用いられると，定冠詞類（dieser 型）と同じ語尾になります。

  Haben Sie ein Fahrrad? — Ja, ich habe **ein[e]s**. （ein Fahrrad の代り）
      ファールラート   アインス〈アイネス〉
   あなたは自転車を持っていますか。はい, 持っています。（Ja, ich habe. だけでは誤り）

  — Nein, ich habe **kein[e]s**. （kein Fahrrad の代り）
         カインス〈カイネス〉
   いいえ, 持っていません。

  Mein Platz ist hier. Wo ist **deiner**? （dein Platz の代り）
  マイン プラッツ ヒーア ヴォー ダイナー
   僕の席はここです。君の[席]はどこですか。

  Ist das euer Haus? — Ja, das ist **unser[e]s**.
     オイアー ハオス   ウンゼレス〈ウンザース〉
   これは君たちの家ですか。— はい, これは僕たちの家です。

▶ 独立用法の eines, keines, seines, unseres などは口語ではふつう e が省かれて eins, keins, seins, unsers 等になります。

❷ 所有冠詞が sein を介して主語を規定するときは，ふつう主語の性・数とは関係なく無語尾のまま用います。

  Jener Wagen dort ist **mein**. あそこのあの車は私のです。
  イェーナー ヴァーゲン ドルト

  Diese Brille ist **sein**. このめがねは彼のです。
  ディーゼ ブリレ

  Sind diese Bücher **dein**? これらの本は君のですか。
      ビューヒャー

間違えやすい語

 Student 男 大学生
 シュトゥデント

 Schüler 男 （高校以下の）生徒
 シューラー

なお, 次の語にも注意して下さい。

 studieren （大学で）学ぶ；研究する
 シュトゥディーレン

 Studium 中 （大学での）勉学；研究
 シュトゥーディウム

Übung

A 日本語に訳しなさい。

1. Welchen Wagen kauft Ihr Freund, diesen oder jenen?
2. Jedes Mädchen liebt den Duft dieser Blumen.
3. Mancher Student trägt heute einen Bart.
4. Unser Onkel vergisst immer seinen Hut.
5. Solche Liebe dauert nicht lange.
6. Mein Bruder und seine Frau putzen jeden Tag* ihren Wagen.
7. Nicht alle Plätze sind besetzt. Dort ist ein Platz frei.
8. Welche Farbe hat euer Wagen? — Unser Wagen ist rot.

◆ jeden Tag「毎日」時を表す副詞的4格。

● 単 語

Duft	男 —[e]s / ¨e 香り	**Bart**	男 —[e]s / ¨e ひげ
Hut	男 —[e]s / ¨e 帽子	**dauern**	続く
lange	長く	**putzen**	磨く
besetzt	ふさがっている	**frei**	空いている，自由な
Farbe	女 — / —n 色	**rot**	赤い

B ドイツ語に訳しなさい。

1. あの郵便配達夫（Briefträger 男）は私たちの町（Stadt 女）のどの通り（Straße 女）をも知っている（kennen）。
2. 君たち（親称）の先生がたは冗談（Scherz 男）を理解し（verstehen）ない（否定冠詞）。
3. どの少女にあなた（敬称）はこの本をプレゼントする（schenken）のですか。

解 答

A 1. どの車をあなたの友人は買うのですか。これですか，あれですか。
   2. どの少女もこれらの花の香りを愛します。
   3. かなり多くの大学生がこんにちひげをはやしています。
   4. 私たちのおじはいつも彼の帽子を忘れます。
   5. そんな愛は長続きしません。
   6. 私の兄〈弟〉と彼の妻は毎日彼らの車を磨きます。
   7. すべての席がふさがっているわけではありません。あそこに席が一つ空いています。
   8. 君たちの車は何色ですか。― 僕たちの車は赤です。

B 1. Jener Briefträger kennt jede Straße unserer Stadt.
   2. Eure Lehrer verstehen keinen Scherz.
   3. Welchem Mädchen schenken Sie dieses Buch?

名詞の性の見分け方 (4)

● **-er, -ler, -ner は男性**

「…する人」を意味します。

der Arbeiter 労働者（＜arbeiten 働く）
 アルバイター

der Lehrer 教師（＜lehren 教える）
 レーラー

der Künstler 芸術家（＜die Kunst 芸術）
 キュンストラー

der Lügner うそつき（＜lügen うそをつく）
 リューグナー

● **-or, -eur は男性**

–er にあたる外来語の語尾です。

der Professor 教授   der Pastor 牧師
 プロフェッソア   パストア

der Chauffeur （自動車の職業的）運転手   der Friseur 理髪師
 ショフェーア   フリゼーア

Lektion 7 (sieben)
レクツィオーン　　　ズィーベン

定動詞の位置

> Sie **spielt** sehr gut Klavier.　彼女はとても上手にピアノを弾く。
> ズィー　シュピールト　ゼーア　グート　クラヴィーア
>
> Wir wissen, ***dass*** sie sehr gut Klavier **spielt**.
> ヴィーア　ヴィッセン
>
> 彼女がとても上手にピアノを弾くことを私たちは知っている。

逐語訳 sie 彼女は　sehr とても　gut 上手に　Klavier ピアノを　spielt 弾く。sie 彼女が　sehr とても　gut 上手に　Klavier ピアノを　spielt 弾く　dass ことを，wir 私たちは　wissen 知っている。

§1 定動詞第2位（主文）

　次の文の文頭にあるのは，er「彼は」（主語），mittags「昼に」（副詞），Bier「ビールを」（目的語），was「何を」（疑問詞）とさまざまですが，定動詞 trinkt「飲む」だけは常に2番目に置かれています。

Er エア	**trinkt** トリンクト	morgens Kaffee. モルゲンス　カッフェー	彼は朝コーヒーを飲む。
Mittags ミッタークス	**trinkt**	er Tee. エア　テー	昼彼は紅茶を飲む。
Bier ビーア	**trinkt**	er abends. アーベンツ	ビールを彼は晩に飲む。
Was ヴァス	**trinkt**	er nachmittags? ナーハミッタークス	彼は午後に何を飲むか。

　これはドイツ語の配語法の鉄則で，**定動詞第2位の原則**と呼ばれます。

§2 定動詞第1位（主文）

　疑問詞のない疑問文では定動詞を文頭に置き，次に主語を置きます。

　　　Trinken Sie Wein?　あなたはワインを飲みますか。
　　　　　　　　ヴァイン

53

敬称2人称 Sie や wir に対する命令文もこれと同じ語順です。ただし，疑問文と違って文末を上げずに発音します。

Trinken Sie Milch!　　牛乳を飲みなさい。
　　　　　ミルヒ

Trinken wir Milch!　　牛乳を飲もう。

§3 定動詞後置（副文）

以上述べた定動詞第2位，第1位はどれも**主文**（主節）の場合でした。次は**副文**（従属節）の場合です。

副文とは **dass**（英that）「…ということ」，**weil** ヴァイル（英because）「…なので」，**wenn**（英if, when）「…ならば」「…するとき」，**obwohl**（英though）「…にもかかわらず」など**従属接続詞**（→20課§4）に導かれる文のことで，このような副文では定動詞は文末に置かれ，日本語そっくりの語順になります。

　　　　　　　┌─── 主文 ───┐ ┌─── 副文 ───┐
　　　　　　　Ich arbeite heute nicht, ***weil*** ich krank bin.
　　　　　　　　　　　　　　ホイテ
　　　　　　　　私は病気なので，きょう仕事をしません。

この例文は Ich arbeite heute nicht「私はきょう仕事をしない」と weil ich krank bin「私は病気なので」という二つの文から成り立っていますが，これらの文は対等ではありません。

weil ich krank bin はこれだけでは完結せず，Ich arbeite heute nicht という主文に接続してはじめて完結するのです。このように主文に接続してはじめて完結する文を**副文**と呼びます。そして副文を主文に結びつけている weil「…なので」（英because）は**従属接続詞**です。このような従属接続詞に導かれる副文では定動詞は文末に置かれて日本語と同じ語順になります。このような語順を**定動詞後置**といいます。

なお，主語＋定動詞の語順を**定動詞正置**，定動詞＋主語の語順を**定動詞倒置**と呼びます。

　　　　　　　　　　主語 ＋ 定動詞　　　定動詞正置
　　　　　　　　　　定動詞 ＋ 主語　　　定動詞倒置
　　　　　　　　　　主語……定動詞　　　定動詞後置

● 副文に先行された主文

上に挙げた例はどちらも**主文＋副文**の順でしたが，これを逆にして**副文＋主文**の順にすることもできます。その場合主文の定動詞は副文の直後に来ます。

　　　┌─── 第1位 ───┐　　第2位
　　　Weil ich krank bin, **arbeite** ich heute nicht.

weil ich krank bin という副文は，wegen der Krankheit「病気のために」という副詞句に書き換えてみれば分かるように，主文の一部なので，文頭にあれば後続文の定動詞は定動詞第2位の原則により副文の直後に来るわけです。

● 疑問詞に導かれる副文

疑問詞も従属接続詞として用いられ，副文を導くことができます。この副文を**疑問副文**または**従属疑問文**といい，定動詞はもちろん後置です。

　　　Ich verstehe nicht, ***warum*** er so oft seinen Beruf **wechselt**.
　　　　　フェアシュテーエ　　　　ヴァルム　　ゾー　　　　　　　　ベルーフ　ヴェクセルト
　　　彼がなぜそんなにしばしば職業を変えるのか，私には分かりません。(verstehen「理解する」)

名詞の性の見分け方 (5)

●動詞の語幹からできている名詞はたいてい男性
　der Befehl　命令　(＜befehlen　命ずる)
　　ベフェール
　der Fall　落下，場合　(＜fallen　落ちる)
　　ファル
　der Tritt　歩み　(＜treten　歩む)
　　トリット
　der Gruß　あいさつ　(＜grüßen　あいさつする)
　　グルース

Übung

A　日本語に訳しなさい。

1. Morgen heiraten wir. Dann werde ich deine Frau.

2. In Deutschland gehen die Kinder um sieben Uhr zu Bett.

3. Der Vater isst nicht viel, weil er Fieber hat.

4. Unsere Hennen legen noch fleißig Eier, obwohl sie schon ziemlich alt sind.

5. Du weißt selber nicht, dass du krank bist.

6. Wenn der Herbst kommt, werden die Blätter der Bäume gelb oder rot.

7. Wie ist Ihr Name? ― Mein Name ist Wolfgang Müller.

8. Aller Anfang ist schwer. Schwer ist auch der Anfang der Grammatik.

● 単　語

heiraten	結婚する	**um sieben Uhr**	7 時に
zu Bett gehen	床につく	**viel**	多く［の］
Henne	囡 ― / ―n めんどり	**legen**	横たえる，（卵を）産む
ziemlich	かなり	**alt**	老いた，古い
selber	自分で	**Herbst**	男 ―[e]s / ―e 秋
Blatt	中 ―[e]s / ⸚er 葉	**Baum**	男 ―[e]s / ⸚e 樹木
gelb	黄色の	**schwer**	困難な
Grammatik	囡 ― / ―en 文法	**Anfang**	男 ―[e]s / Anfänge 始め

B　ドイツ語に訳しなさい。

1. a. 客（Gast 男）はあす（morgen）来ます。
   b. あす客が来ます。
   c. 客があす来るかどうか（ob 従属接続詞），私は知りません。
2. a. その子は 7 時に床につきます。
   b. その子は何時に（um wie viel Uhr）床につきますか。
   c. その子が何時に床につくか，をあなた（敬称）は知っていますか。

解　答

A　1.　あす私たちは結婚します。そうすると私はあなたの妻になります。
　　2.　ドイツでは子供たちは7時に床につきます。
　　3.　父は熱があるので，あまり食べません。
　　4.　うちのめんどりたちは，もうかなり老いているにもかかわらず，まだせっせと卵を産みます。
　　5.　君は病気であることを，自分では知らないのです。
　　6.　秋が来ると，木々の葉が黄色や赤くなります。
　　7.　あなたの名前は何ですか。―私の名前はヴォルフガング・ミュラーです。
　　8.　はじめはすべてむずかしい。むずかしいのは文法のはじめも同じです。

B　1. a. Der Gast kommt morgen.
　　　b. Morgen kommt der Gast.
　　　c. Ich weiß nicht, ob der Gast morgen kommt.
　　2. a. Das Kind geht um sieben Uhr zu Bett.
　　　b. Um wie viel Uhr geht das Kind zu Bett?
　　　c. Wissen Sie, um wie viel Uhr das Kind zu Bett geht?

間違えやすい語

kennen　モノ（者・物）を知っている
ケンネン

wissen　コト（事柄）を知っている
ヴィッセン

Ich **kenne** Herrn Meyer, aber ich **weiß** nicht, wo er wohnt.
　　ヘルン　マイアー　　　　　　ヴァイス　　　ヴォー　ヴォーント

私はマイアー氏を知っていますが，彼がどこに住んでいるか（ということ）は知りません。

Lektion 8 (acht)
レクツィオーン　アハト

人称代名詞

> **Ich** liebe **dich**, aber **du** liebst nicht **mich**, sondern **ihn**.
> イヒ　リーベ　ディヒ　アーバー　ドゥー　リープスト　ニヒト　ミヒ　　　　ゾンダーン　イーン
>
> 僕は君を愛しているが，君は僕でなく彼を愛している。

[逐語訳] ich 僕は　dich 君を　liebe 愛している，aber しかし　du 君は　mich 僕を　nicht ではなく sondern て　ihn 彼を　liebst 愛している。

§1　人称代名詞の格変化

　いままで出てきた人称代名詞は主として1格形だけでしたが，ここで他の格も学ぶことにしましょう。人称代名詞の2格は現代ドイツ語ではほとんど使われないので，代りに**所有冠詞**（→6課§2）を入れてあります。これが英語の人称代名詞の所有格 *my, your* などに相当するものです。

			1人称	親称 2人称	3人称		
単数	1格	（が）	ich 私 イヒ	du 君 ドゥー	er 彼 エア	sie 彼女 ズィー	es それ エス
	所有冠詞	（の）	*mein* マイン	*dein* ダイン	*sein* ザイン	*ihr* イーア	*sein* ザイン
	3格	（に）	mir ミーア	dir ディーア	ihm イーム	ihr イーア	ihm イーム
	4格	（を）	mich ミヒ	dich ディヒ	ihn イーン	sie ズィー	es エス
複数	1格	（が）	wir 私たち ヴィーア	ihr 君たち イーア		sie 彼ら ズィー	
	所有冠詞	（の）	*unser* ウンザー	*euer* オイアー		*ihr* イーア	
	3格	（に）	uns ウンス	euch オイヒ		ihnen イーネン	
	4格	（を）	uns ウンス	euch オイヒ		sie ズィー	

◘ 敬称2人称はもちろん3人称複数形を大書した Sie, *Ihr*, Ihnen, Sie です。

58

§2 人称代名詞用法上の注意

❶ 性の一致

無生物を表す名詞を受ける場合でも，単数の場合はその名詞の性に従って3人称の人称代名詞 er, sie, es を使い分けます。これをすべて es で受けてしまう誤りが初学者には多いので注意が必要です。

Wie hoch ist dieser Berg? ― Er（Es は誤り）**ist etwa tausend Meter hoch.**
ヴィー ホーホ ベルク エトヴァ タオゼント メーター
ホーホ

この山の高さはどの位ですか。― 約1000メートルです。（hoch「高い」，etwa「約」）

Sie kauft eine Krawatte und schenkt sie（es は誤り）**ihm.**
カオフト クラヴァッテ シェンクト イーム

彼女はネクタイを買い，それを彼に贈る。

◘ das Mädchen「少女」のように自然性と文法性が異なる場合は，しばしば自然性で受けます。

Er ruft das Mädchen und gibt ihr（ihm の代り）**Schokolade.**
ルーフト メーチヒェン ギープト イーア ショコラーデ

彼はその少女を呼んで彼女にチョコレートを与える。

❷ 人称代名詞2格

人称代名詞の2格は所有冠詞に -er をつけてつくります。ただし，unser, euer はすでに -er に終っているので，-er を重ねません。

所有冠詞		人称代名詞2格
mein	→	mein**er**
dein	→	dein**er**
sein	→	sein**er**
ihr	→	ihr**er**
Ihr	→	Ihr**er**
unser	→	unser ⎫ -er をつけない
euer	→	euer ⎭

人称代名詞の2格は原則として所有は表さず，主として2格支配の前置詞・動詞・形容詞の目的語としてまれに用います。英語の *of me*, *of you*, *of him* などに相当します。

Statt **meiner** macht Vater meine Hausaufgaben.
シュタット マイナー マハト ハオスアオフガーベン

私の代りに父が私の宿題をします。(statt meiner = 英 *instead of me*)

Ich gedenke oft **deiner**.
ゲデンケ ダイナー

私はしばしば君を思う。(gedenke deiner = 英 *think of you*)

Diese Stelle ist **seiner** nicht würdig.
シュテレ ザイナー ヴュルディヒ

この地位は彼にふさわしくない。(seiner würdig = 英 *worthy of him*)

🔹 古くは人称代名詞の2格は所有冠詞と同形でしたが，のちに unser, euer に合わせて mein, dein 等にも -er を加えるようになったのです。

§3 3格と4格の語順

「ある人にある物を与える」などという場合，3格も4格も名詞のときは原則として3格・4格の順にします。両方人称代名詞のときは，この順序が逆になって4格・3格の順になります。

Ich gebe **dem Studenten** ein **Buch**.
シュトゥデンテン ブーフ

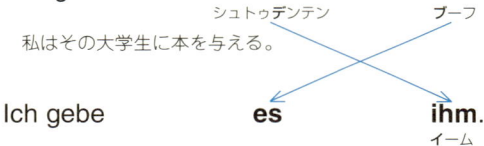

私はその大学生に本を与える。

Ich gebe **es** **ihm**.
イーム

私はそれを彼に与える。

一方が人称代名詞，一方が名詞のときは，格に関係なく人称代名詞を前に置きます。ドイツ語では人称代名詞のように軽い語はなるべく前に置く傾向があるのです。

Ich gebe **ihm** ein Buch. 私は彼に本を与える。

Ich gebe **es** dem Studenten. 私はそれをその大学生に与える。

🔹 なお，両方名詞で3格・4格のうちどちらかをとくに強調する場合には，強調する方をあとに置きます。
Ich gebe dieses Buch **dem Studenten**.
私はこの本を（他の人にではなく）その大学生に与える。

> 📖 **辞書のひきかた**
>
> 動詞等の目的語の格は次のような記号で示されています。
>
> j^2 （または js） (= jemandes) 「ある人」の2格
>
> j^3 （または jm） (= jemandem) 「ある人」の3格
>
> j^4 （または jn） (= jemanden) 「ある人」の4格
>
> et^2 (= etwas)「ある物〈事〉」の2格
>
> et^3 (= etwas)「ある物〈事〉」の3格
>
> et^4 (= etwas)「ある物〈事〉」の4格

§4 動詞の格支配

動詞には一定の格の目的語をとるものがあります。おもなものは次のとおりです。なお，目的語の格は日本語に訳した場合の**が・の・に・を**と違うものがありますから，注意が必要です。

❶ 2格支配動詞（雅語）

Wir gedenken oft **dieser Leute**.
ゲデンケン　　　　　　　　ロイテ

私たちはしばしばこの人たちのことを思います。（j^2〈et^2〉gedenken「ある人〈物〉を思う」）

Wir bedürfen **Ihrer Hilfe**.
ベデュルフェン　イーラー　ヒルフェ

私たちにはあなたの助力が必要です。（j^2〈et^2〉bedürfen「ある人〈物〉を必要とする」）

❷ 3格支配動詞

Dieses Buch gehört **mir**.
ゲヘーアト　ミーア

この本は私のです。（j^3 gehören「ある人のものである」）

Ich helfe **Ihnen**.

私はあなたを助ける。（j^3 helfen「ある人を助ける」）

❸ 4格支配動詞

Er heiratet **meine Schwester**.
ハイラーテット　　　　シュヴェスター

彼は私の姉〈妹〉と結婚する。（j^4 heiraten「ある人と結婚する」）

Das Buch interessiert **mich**.
インテレスィーアト　ミヒ

その本に私は興味がある。（j^4 interessieren「ある人の興味をひく」）

❹ 3格と4格を支配する動詞

Ich erlaube **es euch** nicht.
エアラオベ　　オイヒ　ニヒト

私は君たちにそのことを許可しない。(j^3 et^4 erlauben 「ある人にある事を許可する」)

Sie raubt **ihm alles**.
ラオプト　イーム　アレス

彼女は彼からすべてを奪う。(j^3 et^4 rauben 「ある人からある物を奪う」)

❺ 4格と2格を支配する動詞（少数）

Man beschuldigt **ihn eines Mordes**.
ベシュルディヒト　　　　　　モルデス

彼は殺人の罪を負わせられる。(j^4 et^2 beschuldigen 「(ある人にある事の) 罪を帰する」)

❻ 二つの4格を支配する動詞（少数）

Sie heißt Johanna, aber wir nennen **sie Hanna**.
ハイスト　ヨハンナ

彼女はヨハンナという名前だが，私たちは彼女をハンナと呼んでいる。
（ A^4 B^4 nennen　AをBと名付ける）

◎ 前置詞つきの目的語を支配する動詞もあります。（→ 9課§8）
Ich warte **auf ihn**.

私は彼を待っている。(auf j^4 〈 et^4 〉 warten 「ある人〈物〉を待つ」)

Übung

A　日本語に訳しなさい。

1. Dieser Mantel ist mir zu klein. Hoffentlich passt er dir.
   　　　　マンテル　　　ミーア　　クライン　　ホッフェントリヒ　パスト　　ディーア

2. Sie liebt ihn, aber sie traut ihm nie.
   　　リープト イーン　　　　　　トラオト イーム ニー

3. Er sagt immer: „Ich liebe dich." Ich weiß aber, dass er statt meiner
   ザークト インマー　　　　リーベ ディヒ　　　ヴァイス　　　　　　　　シュタット マイナー

   nur mein Geld liebt.
   ヌーア　　　ゲルト

4. Er liebt sie, aber er sagt es ihr nicht.
   　　　　　　　　　　ザークト　イーア

5. Sie ruft ihre Kinder und gibt ihnen Bonbons.
   　　ルーフト イーレ　　　　　　ギープト イーネン　ボンボンス

6. Gefällt Ihnen dieser Füller? Ich schenke ihn Ihnen.
   ゲフェルト　イーネン　　　　フラー　　　　　シェンケ

7. Wir helfen euch, wenn ihr uns helft.
   　　　　　オイヒ　ヴェン

8. Sie liebt ihn noch und gedenkt seiner immer.
   　　　　　　ノホ　　　　　　　　　ザイナー

● 単 語

Mantel	男 ーs／ー コート	**zu**	あまりにも
hoffentlich	望むらくは	**passen**	（ぴったり）合う
trauen	信用する	**nie**	決して…ない
sagen	言う	**Bonbon**	中 ーs／ーs キャンデー
Füller	男 ーs／ー 万年筆	**noch**	まだ

B　ドイツ語に訳しなさい。

1. 私は作文（Aufsatz 男）を書いて，それを彼女に見せる（zeigen）。
2. 彼はキャンデーを買い，それを子供たちに与える。
3. われわれは君たち（親称）をしばしばほめる（loben）。しかし君たちはわれわれを決してほめない。

解 答

A　1. このコートは私には小さ過ぎます。君に合うといいのだけれど。
　　2. 彼女は彼を愛している。しかし彼女は彼を決して信用しません。
　　3. 彼はいつも「僕は君を愛している」と言います。しかし彼が私でなくて，ただ私のお金だけを愛していることを私は知っています。
　　4. 彼は彼女を愛している。しかし彼はそれを彼女には言いません。
　　5. 彼女は彼女の子供たちを呼んで，彼らにキャンデーを与えます。
　　6. あなたはこの万年筆が気に入りましたか。それをあなたにプレゼントします。
　　7. 君たちがわれわれを助けるならば，われわれは君たちを助けます。
　　8. 彼女は彼をまだ愛していて，彼をいつも思っています。

B　1. Ich schreibe einen Aufsatz und zeige ihn ihr.
　　2. Er kauft Bonbons und gibt sie den Kindern.
　　3. Wir loben euch oft, aber ihr lobt uns nie.

Lektion 9 (neun)
レクツィオーン　　　　ノイン

前置詞

> **Trotz** des Regens spaziert er **mit** seinem Freund
> トロッツ　　　レーゲンス　　シュパツィーアト　　ミット　　ザイネム　　フロイント
> **durch** den Park.
> ドゥルヒ　　バルク
> 雨が降っているのに彼は友人と一緒に公園を通って散歩する。

逐語訳　des Regens 雨　trotz にもかかわらず　er 彼は　seinem Freund 彼の友人　mit と一緒に　den Park 公園　durch を通って　spaziert 散歩する。

§1 前置詞の種類

　名詞または代名詞の前（まれに後）に置かれて他の語句との関係を表す語を前置詞といいます。ドイツ語の前置詞はそれぞれどの格の名詞・代名詞と結びつくかが決まっています。これを前置詞の**格支配**といいます。前置詞は次の4種に大別されます。

2格支配	**statt** des Wagens シュタット　ヴァーゲンス	車の代りに
3格支配	**mit** dem Wagen ミット	車で
4格支配	**für** den Wagen フューア	車のために
3・4格支配	**in** dem Wagen	車の中で
	in den Wagen	車の中へ

§2 2格支配の前置詞

　2格支配の前置詞はきわめて多数ありますが，おもなものは次のとおりです。

[an]statt ［アン］シュタット	…の代りに	**trotz** トロッツ	…にもかかわらず

während ヴェーレント	…の間	**wegen** ヴェーゲン	…ゆえに
diesseits ディースザイツ	…のこちら側に	**jenseits** イェーンザイツ	…のあちら側に
infolge インフォルゲ	…の結果	**um ... willen** ウム　　ヴィレン	…のために　*etc.*

Statt 〈Anstatt〉des Vaters kommt der Sohn.
シュタット アンシュタット　　　ファータース　　　　　　　ゾーン

　父の代わりに息子が来る。

Er tut es nur wegen des Geldes.
　　トゥート ヌーア ヴェーゲン　ゲルデス

　彼はただお金のためにそれをするのです。

Manche Tiere schlafen während des Winters.
マンヒェ　ティーレ シュラーフェン ヴェーレント　　ヴィンタース

　かなり多くの動物が冬の間眠っています。

Unsere Schule steht jenseits 〈diesseits〉des Flusses.
ウンゼレ　シューレ　シュテート イェーンザイツ　ディースザイツ　　　フルッセス

　私たちの学校は川のあちら側〈こちら側〉にあります。（Fluss 男 「川」）

Infolge der Inflation ist alles teuer.
インフォルゲ　　インフラツィオーン　アレス　トイアー

　インフレのために何でも高い。

Um der Gesundheit willen treiben wir Sport.
ウム　　　ゲズントハイト　ヴィレン　トライベン　　シュポルト

　健康のために私たちはスポーツをします。

　▶ um ... willen は間に2格名詞が入ります。

§3　3格支配の前置詞

3格支配の前置詞のおもなものは次のとおりです。

aus アオス	…の中から	**außer** アオサー	…の外に〈で〉, …以外に
bei バイ	…のところで, …のきわに	**gegenüber** ゲーゲンユーバー	…と向かい合って
mit ミット	…と一緒に, …をもって	**nach** ナーハ	…のあとで, …の方へ, …に従って
seit ザイト	…以来	**von** フォン	…の, …から, …について
zu ツー	…[のところ]へ	*etc.*	

Das Mädchen kommt **aus** dem Garten.
メーチヒェン　　　　アオス

少女は庭から出てくる。

Ich wohne **seit** einem Jahr **bei** meinem Onkel.
　　ヴォーネ　ザイト　　　　ヤール　バイ　マイネム

私は1年前からおじのところに住んでいる。

Die Post liegt dem Theater **gegenüber** 〈**gegenüber** dem Theater〉.
　ポスト　リークト　　テアーター　ゲーゲンユーバー

郵便局は劇場の向かい側にある。(liegen「横たわっている」「位置する」)

Ich gehe **mit** meinem Bruder **zu** seinem Lehrer.
　　ゲーエ　　　　　　　　ブルーダー　ツー　ザイネム　　レーラー

私は私の兄〈弟〉と彼の先生のところへ行く。

Nach dem Essen fahre ich **mit** dem Bus **nach** Bonn.
ナーハ　　　エッセン　ファーレ　　　　　　　　　　ブス　　ナーハ

食事のあとで私はバスでボンへ行く。

▷ gegenüber は後置されることが多く，とくに人称代名詞とともに用いられるときは，必ず後置されます。例 mir gegenüber 私と向かい合って

nach は「…によれば」の意味の場合は後置されることがあります。例 nach meiner Meinung〈meiner Meinung nach〉私の意見によれば

§4　4格支配の前置詞

4格支配の前置詞のおもなものは次のとおりです。

durch ドゥルヒ	…を通って，…を通じて	**für** フューア	…のために
gegen ゲーゲン	…に対して	**ohne** オーネ	…なしに
um ウム	…のまわりで〈を〉	**wider** ヴィーダー	…に反して　*etc.*

▷ bis「…まで[に]」も4格支配の前置詞とされることがありますが，無冠詞の名詞や数詞の前で用いられることが多く，名詞に冠詞[類]がつく場合にはもう一つ他の前置詞を伴うので，格支配は明らかではありません。

bis　Berlin ベルリンまで　　bis zum (＜zu dem) Morgen 朝まで
ビス　ベルリーン　　　　　　　　　　　　ツム　　　　　　　　　モルゲン

　次のように bis のあとの名詞が4格であることが明らかな場合でも，それは bis に支配されて4格になったのではなく，副詞的4格に bis がついたと考えるべきです。

bis nächsten Sonntag 次の日曜日までに（nächsten Sonntag 次の日曜日に）
　　ネーヒステン　ゾンターク

Der Zug fährt **durch** den Tunnel.
ツーク フェーアト ドゥルヒ トゥンネル
列車はトンネルの中を（＜通って）走っている。

Er schwimmt **gegen** den Strom.
シュヴィムト ゲーゲン シュトローム
彼は流れにさからって泳ぐ。

Sie besucht mich **ohne** ihren Mann.
ベズーフト ミヒ オーネ イーレン
彼女は夫を連れずに私を訪問する。

Um das Schloss [herum*] liegt ein Garten.
ウム ダス シュロス ヘルム リークト アイン ガルテン
城のまわりに庭がある。

> herum「ぐるりと」は前置詞 um の意味を補うための副詞ですが，なくてもかまいません。このような語を**前置詞の追加詞**といいます。
> 類例　Der Junge springt **in** den See [**hinein**].　少年が湖の中へ跳び込む。

§5　3・4格支配の前置詞

次の9個の前置詞は，単に位置を示すときには3格とともに用い，動作の方向を示すときは4格とともに用います。言い換えれば wo [ヴォー]?「どこで」という問いに答えるときは3格支配，wohin [ヴォヒン]?「どこへ」という問いに答える場合は4格支配なのです。非常に重要な前置詞です。

an アン	…の際(きわ)	**auf** アオフ	…の上	**hinter** ヒンター	…のうしろ
in イン	…の中	**neben** ネーベン	…の横	**über** ユーバー	…の上方，…のかなた
unter ウンター	…の下	**vor** フォーア	…の前	**zwischen** ツヴィッシェン	…（二つのもの）の間

3格支配 wo?「どこで」

Sie ist **in** dem Garten.
彼女は庭［の中］にいる。

Er steht **an** der Wand.
シュテート ヴァント
彼は壁際に立っている。

4格支配 wohin?「どこへ」

Sie geht **in** den Garten.
彼女は庭［の中］へ行く。

Er kommt **an** die Wand.
彼は壁際へ来る。

Das Buch liegt **auf** dem Tisch.
ブーフ リークト アオフ ティッシュ
本はテーブルの上にある。

Ich lege das Buch **auf** den Tisch.
レーゲ
私は本をテーブルの上へ置く。

Das Bild hängt **über** dem Sofa.
ビルト ヘングト ユーバー ゾーファ
絵はソファーの上に掛かっている。

Er hängt das Bild **über** das Sofa.
彼は絵をソファーの上へ掛ける。

Das Kind sitzt **zwischen** dem Vater
ズィッツト ツヴィッシェン
und der Mutter.
子供は父と母の間に座っている。

Das Kind kommt **zwischen** den Vater
und die Mutter.
子供は父と母の間へ来る。

🔷 über は4格支配の場合しばしば「…を越えて」の意味になります。
Unser Flugzeug fliegt **über** den Nordpol nach Hamburg.
ウンザー フルークツォイク フリークト ノルトポール ナーハ ハンブルク
われわれの飛行機は北極経由でハンブルクへ飛びます

以上は3・4格支配前置詞が空間的な意味を表す場合ですが，それ以外に比喩的な意味に用いられることがあります。前置詞に限ったことではありませんが，ある文章を読んで自分の知っている訳語で意味がよく通じないときは，辞書を丹念にひいて，ぴったりした意味や用例を探して下さい。

Wir sprechen **über** deine Zukunft.
シュプレッヒェン ユーバー ダイネ ツークンフト
私たちはおまえの将来について話しているのです。(über「…について」)

Ich habe keine Furcht **vor** dem Tod.
カイネ フルヒト フォーア トート
私は死を恐れない。(vor は Furcht 囡「恐れ」の対象を示す。Tod 男「死」)

📖 辞書のひきかた

前置詞は格支配がふつう次のように示されています。

2格支配の例	**wegen** [véːgən]	前 2格支配 (または *prp.* mit *gen.*) …ゆえに
3格支配の例	**mit** [mɪt]	前 3格支配 (または *prp.* mit *dat.*) …と一緒に
4格支配の例	**durch** [dʊrç]	前 4格支配 (または *prp.* mit *acc.*) …を通って
3・4格支配の例	**auf** [aʊf]	前 3格支配 (または *prp.* mit *dat.*) …の上で
		4格支配 (または *prp.* mit *acc.*) …の上へ

prp. は前置詞 (Präposition) の略，*gen.* は2格 (Genitiv)，*dat.* は3格 (Dativ)，*acc.* は4格 (Akkusativ) の略です。

§6 前置詞と定冠詞の融合形

次の融合形は，定冠詞が「その…」というような指示的な意味を持たないときに用います。

an dem	→	**am** アム	an das	→	**ans** アンス	auf das	→ **aufs** アオフス
in dem	→	**im** イム	in das	→	**ins** インス	bei dem	→ **beim** バイム
zu dem	→	**zum** ツム	zu der	→	**zur** ツーア	durch das	→ **durchs** ドゥルヒス
um das	→	**ums** ウムス	von dem	→	**vom** フォム	*etc.*	

Wir gehen heute Abend **ins** Kino.
　　　ゲーエン　ホイテ　アーベント　　　キーノ
私たちは今晩映画を見に行く。

Ich kaufe Schinken **beim** Fleischer.
　　　カオフェ　シンケン　　バイム　フライシャー
私はハムを肉屋で買う。

Er geht einmal **im** Monat **zum** Arzt.
　　　　　アインマール　　　モーナト　ツム　アールツト
彼は月に1度医者に行く。

§7 前置詞と代名詞の融合形

疑問代名詞 was「何」とは wo[r]- の形で，また人以外のものを表す3人称の人称代名詞とは da[r]- の形で融合形をつくる前置詞があります。カッコ内の r は母音の前で入ります。

worauf ヴォラオフ	何の上で〈へ〉	**darauf** ダラオフ	その上で〈へ〉	
worin ヴォリン	何の中で	**darin** ダリン	その中で	
worein ヴォライン	何の中へ	**darein** ダライン	その中へ	
womit ヴォミット	何をもって	**damit** ダミット	それをもって	
wofür ヴォフューア	何のために	**dafür** ダフューア	そのために	*etc.*

🔹 darin, worin は in が3格支配の場合に用い，worein, darein は in が4格支配の場合に

用います。worauf, darauf 等他の3・4格支配の前置詞との融合形はこの区別なしに用います。

- darin, damit 等にとくに指示力をこめる場合には da[r] の部分にアクセントをつけ [ダーリン] [ダーミット] のように発音します。その場合は前置詞＋指示代名詞と考えられます。

Womit（mit was は俗調）**schreiben Sie?**
ヴォミット　　　　　　　　　　　　　　シュライベン
あなたは何を使って書きますか。

Schreiben Sie mit diesem Füller?
　　　　　　　　　　　　　　　　フュラー
あなたはこの万年筆で書きますか。

Ja, ich schreibe damit.（mit ihm の代り）
　　　　　　　　　ダミット
はい，私はそれで書きます。

Das ist mein Portmonee, aber darin ist kein Geld.（in ihm の代り）
　　　　　　　ポルトモネー　　　　　　ダリン　　　　　　ゲルト
これは私の財布です。しかしその中にはお金が入っていません。
（Portmonee〈Portemonnaie〉中「財布」）

Hier ist eine Flasche. Ich tue Milch darein.（in sie の代り）
　　　　　　　フラッシェ　　　トゥーエ　ミルヒ　ダライン
ここにびんがあります。私はその中に牛乳を入れます。（tun「入れる」「置く」）

§8 動詞・形容詞の前置詞支配

動詞や形容詞の中には前置詞つきの目的語をとるものがあります。英語でも「…を待つ」という場合には *wait for* …といいますが，ドイツ語の warten「待つ」も auf ＋4格を目的語とします。

Ich warte auf meinen Freund.
　　ヴァルテ アオフ　　　　フロイント
私は友人を待っている。（auf j^4〈et^4〉warten「ある人〈物〉を待つ」）

Er bittet seinen Vater um ein Taschengeld.
　　ビッテット　　　　　　　ウム　　　　タッシェンゲルト
彼は父に小遣をくれと頼む。（j^4 um et^4 bitten「ある人にある物を頼む」）

Sie zweifelt noch an meinem Erfolg.
　　ツヴァイフェルト ノホ　　　　　　エアフォルク
彼女はまだ私の成功を疑っている。（an et^3 zweifeln「ある事を疑う」）

Bist du mit deiner Wohnung zufrieden?
　　　　　　　　　　ヴォーヌング　　ツフリーデン
君は君の住居に満足していますか。（mit et^3 zufrieden sein「ある物に満足している」）

Dieser Fluss ist **reich an** Fischen.
<small>フルス　　　　ライヒ</small>

この川は魚が豊富だ。(an *et*³ reich sein「ある物に富んでいる」)

Wir sind sehr **stolz auf** diesen Park.
<small>　　ゼーア　シュトルツ</small>

私たちはこの公園がとても自慢だ。(auf *et*⁴ stolz sein「ある物を誇りに思っている」)

Übung

A　日本語に訳しなさい。

1. Während des Essens rauchen wir nicht.
   <small>ヴェーレント　　　エッセンス　ラオヘン</small>

2. Statt des Motorrads kaufe ich ein Auto.
   <small>シュタット　　モートアラーツ　　　　　　アオトー</small>

3. Nach dem Frühstück geht er mit seinem Hund zum Park.
   <small>ナーハ　　フリューシュテュック　　　　　　　　　　　　フント　ツム　パルク</small>

4. Dieser Weg　führt　durch den Wald und dann um den See.
   <small>ヴェーク　フーアト　ドゥルヒ　　ヴァルト　　　　　　　　　　ゼー</small>

5. Das Mädchen singt am Fenster. Der Junge kommt auch ans
   <small>メーチヒェン　ズィングト　　　　　　　　　ユンゲ　　　　　　アオホ</small>

   Fenster.

6. Der Käse ist in der Tüte. Ich lege ihn in den Kühlschrank.
   <small>　　ケーゼ　　　　　　テューテ　　　レーゲ　　　　　　キュールシュランク</small>

7. Worauf warter er? — Wartet er auf einen Brief aus Deutschland?
   <small>ヴォラオフ ヴァルテット　　　　　　　　　　　　　　　　　　　　　ドイチュラント</small>

   Ja, er wartet darauf.
   <small>　　　　　　　ダラオフ</small>

8. Sind Sie mit Ihrem Wagen zufrieden? — Ja, ich bin damit sehr
   <small>　　　　　　　　　　　　　　ツフリーデン　　　　　　　　　　　ダミット</small>

   zufrieden.

● 単　語

Motorrad	中 —[e]s / …räder オートバイ	**Frühstück**	中 —[e]s / —e 朝食
Weg	男 —[e]s / —e 道	**führen**	通じている
Wald	男 —[e]s / ¨er 森	**See**	男 —s / —n 湖

71

singen	歌う	**Käse**	男 —s / — チーズ
Tüte	女 — / —n 紙〈ビニール〉袋	**Kühlschrank**	男 —[e]s / ⸚e 冷蔵庫

B　ドイツ語に訳しなさい。

1. 自由（Freiheit 女）のためにわれわれはあらゆる（jeder）暴力（Gewalt 女）に対して戦う（kämpfen）。
2. 食事のあとで，彼女は彼女の姉〈妹〉と郵便局（Post 女）へ（zu）行く。
3. 彼は木（Baum 男）の下に立っている（stehen）。彼女も木の下へ行く。

解　答

A　1. 食事の間私たちはタバコを吸いません。
   2. オートバイの代りに私は自動車を買います。
   3. 朝食のあとで彼は犬を連れて公園へ行く。
   4. この道は森を抜け，そしてそれから湖のまわりを通っている。
   5. 少女は窓辺で歌っている。少年も窓辺へ来る。
   6. チーズは紙〈ビニール〉袋に入っている。私はそれを冷蔵庫へ入れる。
   7. 彼は何を待っているのですか。彼はドイツからの手紙を待っているのですか。
      — はい，彼はそれを待っています。
   8. あなたはあなたの車に満足していますか。— ええ，私はそれに大変満足しています。

B　1. Für die Freiheit kämpfen wir gegen jede Gewalt.
   2. Nach dem Essen geht sie mit ihrer Schwester zur Post.
   3. Er steht unter dem Baum. Sie geht auch unter den Baum.

名詞の性の見分け方（6）

● **-e に終る名詞はたいてい女性**

die Blume	花	die Kirche	教会（キルヒェ）
die Rose（ローゼ）	ばら	die Straße（シュトラーセ）	街路

● **-e に終っても人または獣を表す名詞は男性（弱変化）**

der Bote	使者	der Franzose	フランス人（フランツォーゼ）
der Affe	猿	der Löwe（レーヴェ）	ライオン

Lektion 10 (zehn)
レクツィオーン　　ツェーン

形容詞の格変化

> **Ein gutes Buch ist ein guter Freund.** よい本はよい友である。
> グーテス　ブーフ　　　　　　　グーター　フロイント

[逐語訳] ein 1冊の　gutes よい　Buch 本は　ein 1人の　guter よい　Freund 友　ist である。

§1 形容詞の用法

　形容詞は名詞を修飾する語ですが，sein「…である」や werden「…になる」などを介して述語として主語を修飾する場合と，付加語として名詞の前に置かれてこれを修飾する場合があります。付加語的用法の場合には性・数・格による語尾をつけます。

　　　　　述語的用法　　Das Buch ist **gut**.　その本はよい。
　　　　　　　　　　　　　　　　　　　　グート

　　　　　付加語的用法　das **gute** Buch　　　そのよい本
　　　　　　　　　　　　　　　グーテ

　　　　　　　　　　　ein **gutes** Buch　　　1冊のよい本
　　　　　　　　　　　　　　　グーテス

§2 相補の法則

　付加語として用いた形容詞は，前に強語尾を持つ語がない場合には，形容詞そのものに強語尾をつけ，前に強語尾を持つ語がある場合は形容詞は弱語尾をつけます。

強語尾

	男	女	中	複
1.	-er	-e	-es	-e
2.	-es	-er	-es	-er
3.	-em	-er	-em	-en
4.	-en	-e	-es	-e

弱語尾

	男	女	中	複
1.	-e	-e	-e	-en
2.	-en	-en	-en	-en
3.	-en	-en	-en	-en
4.	-en	-e	-e	-en

§3 形容詞の強変化

　形容詞の前に冠詞類がない場合には，形容詞が定冠詞類（dieser 型）と同じ格変化をして性・数・格を示します。たとえば「このワインが」は dieser Wein ですが，「よいワインが」も guter Wein で語尾は同じです。ただし名詞そのものの方に2格語尾 -es または -s があるときは形容詞は少し弱めて -en とします。

男　性 よいワイン	女　性 よいチョコレート	中　性 よいビール
gut-**er** Wein グーター　ヴァイン	gut-**e** Schokolade グーテ　ショコラーデ	gut-**es** Bier グーテス　ビーア
gut-**en** Wein**es** 　　　　ヴァイネス	gut-**er** Schokolade	gut-**en** Bier**s** 　　　　ビーアス
gut-**em** Wein	gut-**er** Schokolade	gut-**em** Bier
gut-**en** Wein	gut-**e** Schokolade	gut-**es** Bier

複　数

　　　gut-**e**　Weine　/ Schokoladen / Biere

　　　gut-**er** Weine　/ Schokoladen / Biere

　　　gut-**en** Weinen / Schokoladen / Bieren

　　　gut-**e**　Weine　/ Schokoladen / Biere

§4 形容詞の弱変化

　定冠詞や定冠詞類（dieser 型）は活発な格変化をして性・数・格を比較的はっきり示しますので，そのあとに来る形容詞は -e と -en だけの単調な弱語尾をつけます。

男　性 善良な男	女　性 善良な女	中　性 善良な少女
der gut-**e** Mann	die gut-**e** Frau	das gut-**e** Mädchen 　　　　　　メーチヒェン
des gut-**en** Mannes	der gut-**en** Frau	des gut-**en** Mädchens
dem gut-**en** Mann	der gut-**en** Frau	dem gut-**en** Mädchen
den gut-**en** Mann	die gut-**e** Frau	das gut-**e** Mädchen

複 数

die　gut-**en** Männer　　／ Frauen ／ Mädchen
　　　　　　メンナー

der　gut-**en** Männer　　／ Frauen ／ Mädchen

den gut-**en** Männern ／ Frauen ／ Mädchen
　　　　　　メンナーン

die　gut-**en** Männer　　／ Frauen ／ Mädchen

§5 形容詞の混合変化

不定冠詞や不定冠詞類（mein 型）は定冠詞類（dieser 型）に比べると男性1格と中性1格・4格の3箇所で語尾がないのが特徴です。たとえば「私の息子が」は meiner Sohn ではなくて mein Sohn ですし，「彼の家が〈を〉」は seines Haus ではなくて sein Haus です。そこで不定冠詞［類］のあとに来る形容詞はその3箇所で強語尾をつけ，不定冠詞［類］の語尾の不足を補います。それ以外の箇所では -e と -en だけの弱語尾です。

男 性 私の善良な息子	**女 性** 私の善良な娘	**中 性** 私の善良な子供
mein△　gut-**er**　Sohn 　　　　　　　　ゾーン	meine　gut-e　Tochter 　　　　　　　トホター	mein△　gut-**es**　Kind 　　　　　　　　キント
meines　gut-en　Sohnes	meiner　gut-en　Tochter	meines　gut-en　Kindes
meinem gut-en　Sohn	meiner　gut-en　Tochter	meinem gut-en　Kind
meinen　gut-en　Sohn	meine　gut-e　Tochter	mein△　gut-**es**　Kind

複 数

meine　　gut-en　Söhne　 ／ Töchter ／ Kinder
　　　　　　　　　ゼーネ　　　テヒター　　キンダー

meiner　gut-en　Söhne　 ／ Töchter ／ Kinder

meinen　gut-en　Söhnen ／ Töchtern ／ Kindern
　　　　　　　　　　　　　　テヒターン

meine　　gut-en　Söhne　 ／ Töchter ／ Kinder

語尾だけを取り出して表にすると次のようになります。

混合変化語尾

	男	女	中	複
1.	-er	-e	-es	-en
2.	-en	-en	-en	-en
3.	-en	-en	-en	-en
4.	-en	-e	-es	-en

§6 形容詞についての注意

❶ **形容詞が二つ以上ある場合**はどれも同じ語尾です。

　　Um das Haus liegt ein **großer**, **schöner** Garten.
　　　　　　　　　　　　リークト　　　　グローサー　　シェーナー

　　家のまわりに大きな，美しい庭がある。

　　Die **gute alte** Zeit ist dahin.
　　　　　　　　　　ツァイト　　　ダヒン

　　よき古き時代は終った。（dahin「去って」）

▶ großer と schöner の間にコンマがあるのは großer und schöner というのと同じく，二つの形容詞が同じ資格で Garten を修飾しているからです。これに対し gute と alte の間にコンマがないのは alte Zeit「古き時代」をひとかたまりとして，これを gute が修飾しているからです。

❷ **hoch**「高い」は付加語的用法では **hoh-** となります。

　　Dieser Berg ist **hoch**.
　　　　　　　ベルク　　　ホーホ

　　この山は高い。

　　Er steigt gern auf einen **hohen** Berg.
　　　　シュタイクト　　　　　　　　　　ホーエン

　　彼は高い山に登るのが好きです。

❸ **-e に終る形容詞**は -e をとってから格語尾をつけます。

　　　weise　賢明な　　　ein **weiser** Mann　賢明な男
　　　　　　　　　　　　　　　　ヴァイザー

❹ **-el**, **-er に終る形容詞**は付加語的用法では -e が脱落します。-en の e も省かれることがあります。

dunkel	暗い	ein dunkles Zimmer		暗い部屋	
		ドゥンクレス ツィンマー			
teuer	高価な	ein teurer Ring		高価な指輪	
		トイラー			
trocken	乾いた	die trock[e]ne Wäsche		乾いた洗濯物	
		トロッケネ〈トロックネ〉ヴェッシェ			

§7 名詞の省略と形容詞の名詞化

一度前に出た名詞を二度繰り返さずに省略する場合は形容詞を小文字で書き，名詞化された形容詞は大文字で書きます。

Wir kaufen einen neuen Fernseher. Der alte ist kaputt.
　　　　　　　ノイエン　フェルンゼーアー　　　アルテ　　カプット

私たちは新しいテレビを買います。古いのはこわれました。
（der alte のあとに Fernseher「テレビ受像機」が省略されている。）

Der Alte lebt ganz allein.
　　　　　レーブト ガンツ アライン

その老人はまったくのひとり暮しをしている。（der Alte「老人」は alt の名詞化。）

§8 男性・女性・複数の名詞化

男性・女性・複数の名詞化形容詞は人を表します。あとにそれぞれ Mann「男」，Frau「女」，Leute「人びと」があるつもりで格変化します。

krank「病気の」の名詞化

男　性	女　性	複　数
der Kranke 男の病人	die Kranke 女の病人	die Kranken 病人たち
ein Kranker	eine Kranke	Kranke

例（便宜上定冠詞をつけた男性単数形で示します。）

alt	老いた	→	der Alte	老人
arm	貧しい	→	der Arme	貧しい人
reich	金持ちの	→	der Reiche	金持
			ライヒェ	
bekannt	知られた	→	der Bekannte	知人
			ベカンテ	
weise	賢明な	→	der Weise	賢者
			ヴァイゼ	

deutsch ドイツの → der Deutsche ドイツ人
　　　　　　　　　　　　　　　ドイチェ
gelehrt 学識ある → der Gelehrte 学者
　　　　　　　　　　　　　　　ゲレーアテ

Der Gelehrte ist nicht immer **ein Weiser**.
　　ゲレーアテ　　　　　　　　　　　　ヴァイザー
学者は必ずしも賢者とは限らない。

Herr Braun ist **Deutscher**, aber seine Frau ist keine **Deutsche**,
　　　　　　　　ドイチャー　　　　　　　　　　　　　　　　　ドイチェ
sondern Schweizerin.
　　　　シュヴァイツェリン
ブラオン氏はドイツ人ですが，彼の奥さんはドイツ人ではなくて，スイス人です。

▷ 「…国人」という場合形容詞の名詞化を用いるのは「ドイツ人」だけで，他はふつうの名詞です。

§9 中性の名詞化

中性の形は「事物」「事柄」「側面」等を表します。複数形はありません。あとに Ding ⊕「物」があるつもりで格変化して下さい。

gut 「よい」の名詞化

中　性		
よいもの〈こと〉	[なにか] よいもの〈こと〉	何もよいもの〈こと〉は…ない
das Gute; Gutes	etwas Gutes	nichts Gutes
	エトヴァス	ニヒツ

▷ Gutes, etwas Gutes, nichts Gutes の2格は用いません。

ein Gutes のように不定冠詞をつけることはふつうせず，その代りに etwas Gutes を用います。

Das Alte geht und **das Neue** kommt.
　　　　　　　　　　　　　　ノイエ
古いものが去り，新しいものが来る。

Alles hat sein **Gutes** und sein **Schlechtes**.
　　　　　　　　　　　　　　　　　シュレヒテス
すべてのものはそのよい面と悪い面を持っている。

Er übersetzt das Buch vom **Japanischen** ins **Deutsche**.
　　　ユーバーゼッット　　　　フォム　　ヤパーニッシェン　　　ドイチェ
彼はその本を日本語からドイツ語に翻訳する。

◆ japanisch「日本の」，deutsch「ドイツの」等の中性名詞化は「国語」を表します。

Steht etwas Neues in der Zeitung? — Nein, nichts Besonderes.
シュテート エトヴァス ノイエス イン デア ツァイトゥング ナイン ニヒツ ベゾンデレス
新聞になにか変った（＜新しい）ことが出ていますか。―いいえ，何も格別なことはありません。

§10 小文字で書く名詞化

小文字で書かれる形容詞の名詞化があります。

❶ 数形容詞（＝不定数詞）などの名詞化で代名詞化したもの

ein anderer アンデラー	［誰か］ほかの人	**viele** フィーレ	多くの人びと
beide バイデ	両人	**wenige** ヴェーニゲ	わずかの人びと
beides バイデス	両方のもの	**einige** アイニゲ	何人かの人びと

❷ 前置詞を伴って無冠詞で熟語化したもの

vor kurzem フォーア クルツェム	最近	**von neuem** フォン ノイエム	改めて
seit langem ザイト ランゲム	ずっと以前から	**ohne weiteres** オーネ ヴァイテレス	さっさと，すぐに

◆ 冠詞を含むものは大文字で書きます。
　im Allgemeinen　一般に
　　　アルゲマイネン
　beim Alten bleiben　元のままである

📖 辞書のひきかた

　付加語形容詞は格語尾をとった形でひくことはいうまでもありません。たとえば，ein kleines Haus の kleines は klein でひくわけです。

　klein [klaɪn] 形（または *adj.*）小さな

　adj. は Adjektiv の略です。

　名詞化された形容詞は der Alte「老人」のようによく使われるものに限り辞書にのっていますが，alt の項の最後に出ている場合と，独立の見出し語になっている場合があります。いずれにせよ次のような表示になっています。

　Alte [áltə] 男 女（または *m. f.*）（形容詞変化）老人
　Gute [gúːtə] 中（または *n.*）（形容詞変化）よいもの〈こと〉，善

Übung

A 日本語に訳しなさい。

1. Heute ist schönes Wetter. Bei schönem Wetter gehe ich zu Fuß in die Schule.
2. Das lange Haar des Sohnes gefällt dem alten Vater nicht.
3. Ich glaube nicht, dass ein gesunder Geist nur in einem gesunden Körper wohnt.
4. Dieser berühmte Arzt behandelt nur reiche Kranke.
5. Auf den hohen Bergen liegt ewiger Schnee.
6. Dieser rote Sportwagen gehört der schönen Tochter eines reichen Kaufmanns.
7. Ein Gesunder hat viele Wünsche, ein Kranker hat nur einen.
8. Der Religion ist nur das Heilige wahr, der Philosophie nur das Wahre heilig. (Feuerbach)

● 単 語

zu Fuß	徒歩で	Schule	女 — / —n 学校
glauben	思う，信ずる	gesund	健康な
Geist	男 —[e]s / 精神	Körper	男 —s / — 身体
berühmt	有名な	behandeln	取り扱う，診療する
ewig	永遠の	Schnee	男 —s / 雪
Wunsch	男 —[e]s / ⸚e 願い	Religion	女 — / —en 宗教
heilig	神聖な	Philosophie	女 — / —n 哲学
wahr	真実の		

B　ドイツ語に訳しなさい。
1. その小さな機関車（Lokomotive 女）は長い列車（Zug 男）を引いている（ziehen）。
2. 怠惰な（faul）学生（不定冠詞つき）はふつう（gewöhnlich）ただ１冊の小さな辞書（Wörterbuch 中）を持っている。
3. ドイツはドイツ人たちの国です。

解　答

A　1. きょうはよい天気です。よい天気のときは私は歩いて学校へ行きます。
2. 息子の長い髪は年老いた父の気に入りません。
3. 健全な精神が健全な身体にのみ宿るとは私は思いません。
4. この有名な医者は金持ちの病人だけを治療します。
5. 高い山々には万年雪があります。
6. この赤いスポーツカーはある金持ちの商人の美しい娘のものです。
7. 健康な者は多くの願いを持っている。病人にはただ一つの願いしかない。
8. 宗教にとっては神聖なものだけが真であり，哲学にとっては真なるものだけが神聖である。

B　1. Die kleine Lokomotive zieht einen langen Zug.
2. Ein fauler Student hat gewöhnlich nur ein kleines Wörterbuch.
3. Deutschland ist das Land der Deutschen.

名詞の性の見分けかた（7）

● **-ig, -ich, -rich, -ing, -ling は男性**

der König　王
ケーニヒ

der Teppich　じゅうたん
テピッヒ

der Enterich　雄あひる
エンテリヒ

der Hering　ニシン
ヘーリング

der Feigling　臆病者
ファイクリング

der Liebling　お気に入りの者
リープリング

● **-g, -m, -pf に終る名詞はたいてい男性**

der Berg　山
ベルク

der Tag　日
ターク

der Baum　木
バオム

der Turm　塔
トゥルム

der Kampf　闘争
カンプフ

der Kopf　頭
コップフ

Lektion 11 (elf)
レクツィオーン　エルフ

疑問代名詞・不定代名詞

> **Wer** ist dieser Herr?　**Was** ist er von Beruf?
> ヴェーア　　　　　　　　ヘア　　　ヴァス　　　　フォン　ベルーフ
>
> この方は誰ですか。職業は何ですか。

[逐語訳] dieser この　Herr 紳士は　wer 誰　ist ですか。　er 彼は　von Beruf 職業としては was 何　ist ですか。

§1 疑問代名詞 wer と was

wer は人，was は物を表します。現代ドイツ語では was は1格と4格だけを用います。

1格	**wer** ヴェーア	誰が		1格	**was** ヴァス	何が
2格	**wessen** ヴェッセン	誰の		2格		なし
3格	**wem** ヴェーム	誰に		3格		なし
4格	**wen** ヴェーン	誰を		4格	**was**	何を

Wer ist diese Dame?
　　　　　　ダーメ
このご婦人は誰ですか。(Dame 囡＝英 lady)

Wessen Kleid nähen Sie?
　　　　　クライト　ネーエン
あなたは誰のドレスを縫っているのですか。

Wem schenkst du diese Puppe?
　　　シェンクスト　　　　　プッペ
君は誰にこの人形をプレゼントするのですか。

Mit **wem** geht sie ins Konzert?
　　　　　　　　　　　コンツェルト
彼女は誰と音楽会に行くのですか。

Ich weiß nicht, **wen** die Eltern heute besuchen.
ヴァイス　　　　　ヴェーン　　エルターン　ホイテ　　ベズーヘン

両親がきょう誰を訪問するのか，私は知りません。(wen 以下は疑問副文なので定動詞後置)

Was suchen Sie hier? — Ich suche meine Brille.
ズーヘン　　　　　　　　　　　　　　　　　　ブリレ

あなたはここで何を探しているのですか。— 私は私のめがねを探しているのです。

§2 was für ein

❶ 「どんな」(英 *what kind of*)，「なんという」(英 *what a*) の意味で ein だけが不定冠詞と同じ格変化をします。was と für が離れていることがあります。

Was für einen Wagen haben Sie?
フューア

Was haben Sie **für einen** Wagen?

あなたはどんな車をお持ちですか。

Was für eine schöne Blume ist das!
シェーネ

Was ist das **für eine** schöne Blume!

これは何という美しい花だろう。

◆ 感嘆文では was für ein の代りに welch ein も用います。この場合の welch は無変化です。例 **Welch eine** schöne Blume ist das!
なお，感嘆文では定動詞第2位または後置です。

❷ 物質名詞や複数名詞の前では ein をつけません。

Was für Wein trinken Sie?

どんなワインをあなたは飲みますか。

Was für Ansichtskarten sammeln Sie?
アンズィヒツカルテン　　　　ザンメルン

どんな絵はがきをあなたは集めていますか。

❸ 名詞を省く場合には ein を定冠詞類(dieser 型)と同じに変化させます。物質名詞・複数名詞を受ける場合は ein の代りに welcher を用います。

Vor dem Haus steht ein Wagen. — **Was für einer**? (Was für ein Wagen? の代り)

家の前に車が止まっている。— どんなのが。

Er liest ein Buch. — **Was für ein[e]s**? (Was für ein Buch? の代り)
リースト

彼は本を読んでいる。— どんなのを。

Sie besitzt eine Menge Bücher. — **Was für welche**? (Was für Bücher
ベズィッツト　　　　　　　　　　ビューヒャー　　　　　　　　　　ヴェルヒェ
の代り)
彼女は沢山の本を所有している。— どんなのを。(eine Menge「沢山の」=〔英〕 *a lot of*)

Ich trinke gern Wein. — **Was für welchen**?
　　　　　　　　　　　　　　　　　　　　　ヴェルヒェン
私はワインを飲むのが好きです。— どんなのを。

§3 welcher

❶ 形容詞的用法

6課§1で学んだように定冠詞類 (dieser 型) の変化をします。

Welches Mädchen ist Ihre Tochter?
ヴェルヒェス　メーチヒェン　　　　トホター
どの少女があなたの娘さんですか。

In **welchem** Teil der Stadt wohnen Sie?
　　ヴェルヒェム　タイル　　シュタット
町のどの地区にあなたは住んでいますか。(Teil 男「部分」)

❷ 名詞的用法

Welcher von Ihnen studiert Medizin?
ヴェルヒャー　フォン　イーネン　シュトゥディーアト　メディツィーン
あなたたちのうちのどちらが医学を学んでいるのですか。

Hier sind mehrere Fahrräder. **Welches** gehört dir?
　　　　　　メーレレ　　ファールレーダー　　　　　　　ゲヘーアト
ここに何台か自転車があります。どれが君のですか。(mehrere「いくつかの」, Fahrrad 中 —[e]s / …räder「自転車」)

❸ 紹介を求める welches

「どれが…であるか」と紹介を求める文の主語としては，述語の性・数に関係なく中性形 welches を用います。ただし定動詞は述語の名詞に従います。

Welches ist Ihr Schirm?
どれがあなたの傘ですか。

Welches ist Ihre Frau? **Welches** sind Ihre Kinder?
(写真等を見ながら) どれがあなたの奥さんですか。どれがあなたのお子さんたちですか。

§4 疑問副詞

9課§7で学んだ **wo[r]＋前置詞**も疑問副詞ですが，本来の疑問副詞には次のようなものがあります。どれも w で始まっています。

wann いつ ヴァン	**warum** なぜ ヴァルム	**wie** いかに ヴィー	**wieso** どうして ヴィーゾー
wo どこに ヴォー	**woher** どこから ヴォヘーア	**wohin** どこへ ヴォヒン	*etc.*

Wann haben Sie Geburtstag?
　　　　　　　　　　ゲブーアツターク
あなたは誕生日はいつですか。

Warum denkst du so pessimistisch?
ヴァルム　　　　　　　　　ペスィミスティッシュ
なぜ君はそのように悲観的に考えるのですか。

Wie sagt man es auf Deutsch?
　　　　　　　　アオフ　ドイチュ
ドイツ語でそれを何といいますか。(auf Deutsch「ドイツ語で」)

Wie viele Einwohner hat Hamburg?
ヴィー　フィーレ　アインヴォーナー　　　ハンブルク
ハンブルクの人口はどの位ありますか。

Wo ist die Toilette, bitte?
　　　　　　トアレッテ
すみませんが，トイレはどこですか。(bitte「どうぞ」＝ 英 *please*)

Ich weiß nicht, **woher** er kommt und **wohin** er geht.
　　ヴァイス　　　　ヴォヘーア　　　　　　　　ヴォヒン
彼がどこから来て，どこへ行くのか私は知りません。

§5 ja, nein, doch の用法

❶ 疑問文に否定語がない場合

この場合は別に問題はなく，答えが肯定なら ja，否定なら nein を用います。

Wohnt er hier? ― **Ja**, er wohnt hier.
ヴォーント　ヒーア　　　ヤー
彼はここに住んでいますか。― はい，彼はここに住んでいます。

　　　　　　　　　　　Nein, er wohnt nicht hier.
　　　　　　　　　　　ナイン
　　　　　　　　　　　いいえ，彼はここに住んでいません。

❷ **疑問文に否定語がある場合**

この場合も答えが否定ならば nein ですが，肯定の答えのときは doch [ドホ] を用います。

Wohnt er *nicht* hier? ― **Nein**, er wohnt nicht hier.
彼はここに住んでいないのですか。― はい，彼はここに住んでいません。

Doch, er wohnt hier.
ドホ
いいえ，彼はここに住んでいます。

Haben Sie *kein* Geld? ― **Nein**, ich habe kein Geld.
あなたはお金を持っていないのですか。― はい，私はお金を持っていません。

Doch, ich habe Geld.
いいえ，私はお金を持っています。

§6 不定代名詞 man

漠然と人を表します。本来1格形しかなく，2格・3格・4格は einer の変化形を借用します。man は er で受けられず，何度でも man を繰り返します。ただし所有を表すには eines でなく，所有冠詞 sein を用います。

		man の訳しかた
1格	man	① 全然訳さない。
2格	eines (まれ)	②「人は」と訳す。
3格	einem	③ 受動的に訳す。
4格	einen	

Man vergisst *seine* Sorgen, wenn **man** schläft.
　　　フェアギスト　　　　ゾルゲン　　　　　　シュレーフト
眠っているときには心配事を忘れます。

Zu viel Lesen macht einen dumm.
ツー フィール レーゼン　マハト　　　　　ドゥム
あまり多くの読書は人を愚かにします。

Man lebt nur einmal in der Welt.
　　　レープト ヌーア アインマール　　　ヴェルト
人生は一回限りである。（**直訳**　人はこの世に一度だけ生きる。）

Im Sommer trinkt **man** gern Bier.
　　　ゾンマー
夏には好んでビールが飲まれます。

§7 その他の不定代名詞

❶ einer, keiner, jeder

	[ある]人	誰も…ない	誰でも
1格	einer	keiner	jeder (イェーダー)
2格	eines	keines	jedes
3格	einem	keinem	jedem
4格	einen	keinen	jeden

Dort steht Peter und spricht mit einem.
あそこにペーターが立っていて，誰かと話している。

Keiner von uns spricht Französisch.
カイナー　　　　　シュプリヒト　フランツェーズィッシュ
私たちのうちの誰もフランス語を話しません。

Jeder hat seine Fehler.
イェーダー　　　　フェーラー
誰にも欠点はある。

❷ jemand, niemand, jedermann

	ある人	誰もない	誰でも
1格	jemand (イェーマント)	niemand (ニーマント)	jedermann (イェーダーマン)
2格	jemand[e]s (イェーマンデス〈イェーマンツ〉)	niemand[e]s (ニーマンデス〈ニーマンツ〉)	jedermanns
3格	jemand[em]	niemand[em]	jedermann
4格	jemand[en]	niemand[en]	jedermann

Ist **jemand** draußen? — Nein, ich sehe **niemand[en]**.
イェーマント　ドラオセン　　　　　　　　　ニーマント〈ニーマンデン〉
そとに誰かいますか。— いいえ，誰も見えません。

🔹 口語では jemand の代りに wer を用いることがあります。
　　Suchen Sie **wen**? 誰かお探しですか。

Jedermanns Freund ist **niemandes** Freund.
イェーダーマンス　フロイント　　　ニーマンデス

八方美人は当てにならない。（**直訳**　誰もの友は誰の友でもない。）

❸ alles と alle

	すべての物〈事〉	すべての人
1格	alles	alle
2格	alles	aller
3格	allem	allen
4格	alles	alle

Gott sieht **alles** und weiß **alles**.
　　　ズィート　アレス　　　　ヴァイス

神はすべてを見，すべてを知っている。

Das Leben ist ein Kampf **aller** gegen **alle**.
　　　　　　　　　　　カンプフ　アラー　ゲーゲン　アレ

人生は万人の万人に対する闘いである。

▷ alle は口語では副詞として「終りだ」「なくなってしまった」の意味に使われることがあります。

Das Geld ist **alle**.
お金がもうなくなった。

❹ etwas「何かあるもの」，nichts「何も…ない」

格変化せずこのまま用います。

Durch Schaden lernt man **etwas**.
ドゥルヒ　シャーデン　　　　　　エトヴァス

損害によって人は何かを学ぶ。

Aus **nichts** wird **nichts**.
　　ニヒツ　ヴィルト

無から有は生じない。（**直訳**　無からは無が生ずる。）

▷ 口語では etwas の代りに was を，また nichts の代りに nix を用いることがあります。

Wieso sagst du so **was**?　　どうして君はそんなことを言うのか。
ヴィゾー

Das macht **nix**.　　　　　　そんなことなんでもないよ。
　　　　　ニクス

etwas は「いくらか」の意味の副詞としても用います。

Ich bin **etwas** müde.　　　私は少し疲れている。

Übung

A 日本語に訳しなさい。

1. Wessen Wagen reparieren Sie jetzt?
2. Wem gehört dieser Schirm? — Er gehört unserem Lehrer.
3. Welches ist die letzte Station vor der Grenze?
4. Was ist das für ein Gerät? — Das ist ein Computer.
5. Wissen Sie, was für Musik er gern hört?
6. Wie viel kostet das Mittagessen in der Mensa? — Es kostet drei Euro.
7. Spricht der Schüler nicht Deutsch? — Nein, er spricht nur Englisch. / Doch, er spricht gut Deutsch.
8. Peter ist unhöflich; er grüßt einen nicht und gibt einem beim Abschied nicht die Hand.

● 単 語

reparieren	修理する	letzt	最後の
Station	女 —/—en 駅	Grenze	女 —/—n 境界，国境
Gerät	中 —[e]s/—e 器具	Musik	女 —/ 音楽
hören	聞く	kosten	（値段が）…である
Mensa	女 —/—s〈Mensen〉学生食堂	Mittagessen	中 —s/— 昼食
Euro	男 —[s]/—[s] ユーロ	Schüler	男 —s/— （高校以下の）生徒
unhöflich	無礼な	grüßen	あいさつする
Abschied	男 —[e]s/—e 別れ	Hand	女 —/⁻e 手

B　ドイツ語に訳しなさい。
1. この子は誰の顔（Gesicht 中）を描いている（zeichnen）のですか。
2. あなた（敬称）の娘さんはどんな花が好きです（lieben）か。
3. ［人は］教える（lehren）ことによって（indem 従属接続詞）学びます。

解　答

A 1.　あなたはいま誰の車を修理しているのですか。
　 2.　この傘は誰のですか。— それは私たちの先生のです。
　 3.　国境の手前（＜前の最後）の駅はどこ（＜どれ）ですか。
　 4.　これは何の器具ですか。— これはコンピューターです。
　 5.　彼はどんな音楽が好きかあなたは知っていますか。
　 6.　学生食堂の昼食はいくらしますか。— それは3ユーロです。
　 7.　その生徒はドイツ語を話さないのですか。— はい，彼は英語しか話しません。／いいえ，彼は上手にドイツ語を話します。
　 8.　ペーターは礼儀を知りません。彼は人にあいさつしないし，また別れるとき（握手のために）手を差し出しません。

B 1.　Wessen Gesicht zeichnet das Kind?
　 2.　Was für Blumen liebt Ihre Tochter?
　 3.　Man lernt, indem man lehrt.

名詞の性の見分け方（8）

●動詞の不定詞を名詞化したものは中性
　das Leben　人生，生命（＜leben 生きる）
　　　レーベン
　das Rauchen　喫煙（＜rauchen タバコを吸う）
　　　ラオヘン

●他の品詞を名詞化したものも中性
　das Aber　異議（＜aber しかし）

　das Ich　自我（＜ich 私は）

　das Dunkel　暗闇（＜dunkel 暗い）
　　　ドゥンケル

Lektion 12 (zwölf)
レクツィオーン　　　　ツヴェルフ

動詞の3基本形・過去形と未来形

> Meine Frau **sagte**: „Das Geld **wird** bis Ende des
> 　　　　　ザークテ　　　　　　　　　ヴィルト
> Monats nicht **reichen**."
> 　モーナツ　　　　ライヒェン
>
> 私の妻は言った「お金が月末までもたないでしょう」と。

[逐語訳] meine Frau 私の妻は　sagte 言った。「das Geld お金が　des Monats 月の　Ende 終り　bis まで　reichen 足り　nicht ない　wird でしょう」と。

§1　3基本形

　不定詞・過去基本形・過去分詞は動詞のあらゆる変化の基本になるものですから，これを動詞の**3基本形**といいます。動詞はその3基本形のあり方によって次の3種類に大別されます。

- ❶　弱変化動詞　………規則動詞
- ❷　強変化動詞　⎱
- ❸　混合変化動詞⎰……不規則動詞

§2　弱変化動詞

　不定詞の語幹を変えないで，規則的に過去基本形・過去分詞をつくることのできる動詞です。数からいえば大部分の動詞はこれに属します。

不 定 詞	過去基本形	過去分詞
── [e]n	── te	ge ── t
lernen　学ぶ レルネン	lernte レルンテ	gelernt ゲレルント
lieben　愛する リーベン	liebte リープテ	geliebt ゲリープト
lächeln　ほほえむ レッヒェルン	lächelte レッヒェルテ	gelächelt ゲレッヒェルト

91

warten	待つ	wartete	gewartet
ヴァルテン		ヴァルテテ	ゲヴァルテット
reden	語る	redete	geredet
レーデン		レーデテ	ゲレーデット

▶ warten, reden 等3人称単数現在形で er wartet, er redet のように口調の e の入る動詞は過去基本形・過去分詞でも e が入ります。

§3 強変化動詞

弱変化動詞が語幹の母音を変えないで過去基本形・過去分詞をつくるのに対し、強変化動詞は語幹の母音を変えるのが特徴です。その上、過去基本形に -te の語尾がなく、過去分詞は ge——t でなく、ge——en です。重要なものが多いので、下に挙げたものを覚えたら、巻末の変化表で一つずつ暗記して下さい。

×印は語幹が不定詞と異なることを示します。

不定詞	過去基本形	過去分詞
——[e]n	×——	ge ——[×] en

不定詞		過去基本形	過去分詞
fahren ファーレン	乗物で行く	fuhr フーア	gefahren ゲファーレン
fallen ファレン	落ちる	fiel フィール	gefallen ゲファレン
geben ゲーベン	与える	gab ガープ	gegeben ゲゲーベン
gehen ゲーエン	行く	ging ギング	gegangen ゲガンゲン
kommen コンメン	来る	kam カーム	gekommen ゲコンメン
lesen レーゼン	読む	las ラース	gelesen ゲレーゼン
nehmen ネーメン	取る	nahm ナーム	genommen ゲノンメン
schlafen シュラーフェン	眠る	schlief シュリーフ	geschlafen ゲシュラーフェン
schreiben シュライベン	書く	schrieb シュリープ	geschrieben ゲシュリーベン
stehen シュテーエン	立っている	stand シュタント	gestanden ゲシュタンデン
tragen トラーゲン	運ぶ	trug トルーク	getragen ゲトラーゲン

tun	する	tat	getan
トゥーン		タート	ゲターン

§4 混合変化動詞

　語幹が変わるという点では強変化動詞に似ていますが，語尾は弱変化と同じです。強変化と弱変化の両方の特徴が混じっているという意味で混合変化と呼ばれます。混合変化動詞は全部で9個しかありませんが，どれも重要なものばかりですから，3基本形を暗記しなければなりません。

不 定 詞	過去基本形	過去分詞
—— en	—×— te	ge —×— t

brennen 燃える	brannte	gebrannt
ブレンネン	ブランテ	ゲブラント
bringen 持って行く〈来る〉	brachte	gebracht
ブリンゲン	ブラハテ	ゲブラハト
denken 考える	dachte	gedacht
デンケン	ダハテ	ゲダハト
kennen （人・物を）知っている	kannte	gekannt
ケンネン	カンテ	ゲカント
wissen （事柄を）知っている	wusste	gewusst
ヴィッセン	ヴステ	ゲヴスト
nennen 名付ける	nannte	genannt
ネンネン	ナンテ	ゲナント
rennen 走る	rannte	gerannt
レンネン	ランテ	ゲラント
senden 送る	sandte	gesandt
ゼンデン	ザンテ	ゲザント
wenden 向ける	wandte	gewandt
ヴェンデン	ヴァンテ	ゲヴァント

§5 sein, haben, werden

　きわめて重要な動詞である上に，特殊な3基本形を持っています。sein, werden は強変化動詞，また haben は混合変化動詞の変種とみなすことができます。

sein	ある	war	gewesen
ザイン		ヴァール	ゲヴェーゼン
haben	持っている	hatte	gehabt
ハーベン		ハッテ	ゲハープト
werden	…になる	wurde	geworden
ヴェーアデン		ヴルデ	ゲヴォルデン

§6 過去分詞に ge- のない動詞

第1音節にアクセントのない動詞は過去分詞に ge- をつけません。それには次の2種類があります。

❶ -ieren, -eien に終る外来語動詞

すべて弱変化動詞で ie, ei にアクセントがあります。

studieren シュトゥディーレン	(大学で)学ぶ	studierte シュトゥディーアテ	studiert シュトゥディーアト
operieren オペリーレン	手術する	operierte オペリーアテ	operiert オペリーアト
prophezeien プロフェツァイエン	予言する	prophezeite プロフェツァイテ	prophezeit プロフェツァイト

❷ アクセントのない前つづりを持つ動詞

基礎になる動詞によって弱変化・強変化・混合変化があります。

besuchen ベズーヘン	訪問する(弱)	besuchte ベズーフテ	besucht ベズーフト
verstehen フェアシュテーエン	理解する(強)	verstand フェアシュタント	verstanden フェアシュタンデン
erkennen エアケンネン	認識する(混)	erkannte エアカンテ	erkannt エアカント

🔷 アクセントのある前つづりを持つ動詞(分離動詞)の3基本形については後述します。(→14課§2)

📖 辞書のひきかた

動詞は次のように記されています。

stehen* [ʃté:ən] 圓 (または *i.*) 立っている

lieben [líːbən] 他 (または *t.*) 愛する

i. は自動詞(Intransitiv), *t.* は他動詞(Transitiv)の略です。stehen の肩の * 印は不規則な動詞, つまり強変化か混合変化動詞であることを示します。lieben には * がありませんから弱変化動詞です。* 印のある動詞は辞書の巻末の強変化・混合変化動詞変化表に3基本形などが示されています。

§7 過去人称変化

過去基本形は，そのまま単数1人称・3人称の定動詞になります。

不定詞	過去基本形	過去分詞
kommen	**kam**	gekommen

↓

ich **kam** 私は来た
er **kam** 彼は来た

その他の人称は現在形と同様の語尾になります。

不定詞	**lernen** 学ぶ レルネン	**kommen** 来る コンメン	**wissen** 知っている ヴィッセン
ich —	lernte △ レルンテ	kam △ カーム	wusste △ ヴステ
du —st	lerntest レルンテスト	kamst カームスト	wusstest ヴステスト
er —	lernte △ レルンテ	kam △ カーム	wusste △ ヴステ
wir —en	lernten レルンテン	kamen カーメン	wussten ヴステン
ihr —t	lerntet レルンテット	kamt カームト	wusstet ヴステット
sie —en	lernten	kamen	wussten

▷ 過去基本形が d, t に終るものは du —[e]st, ihr —et となります。
　例 finden, fand → du fand[e]st ... ihr fandet
また過去基本形が s, ß に終るものは du —est となります。
　例 lesen, las → du lasest

§8 過去形の用法

ドイツ語の過去形は英語の過去進行形と過去形の用法を含んでいます。

❶ 過去において行われつつあった動作

Sie **saß** noch da und **weinte**.
　ザース　ノホ　　　　　ヴァインテ
彼女はまだそこに座って泣いていた。(saß＜sitzen「座っている」)

Als ich nach Hause kam, **schliefen** die Kinder schon.
アルス　　ナーハ　ハオゼ　シュリーフェン　　　　　　ショーン
私が帰宅したときには，子供たちはもう眠っていた。(als「…したとき」。過去における一回だけの時を表す従属接続詞。)

❷ **過去に行われた動作**

Er **ging** gestern ins Kino.
　　　ゲスターン　　　キーノ

彼はきのう映画を見に行きました。

Kolumbus **entdeckte** Amerika.
コルンブス　　エント**デ**クテ　　アメーリカ

コロンブスはアメリカを発見した。

> 📖 **辞書のひきかた**
>
> 過去形の動詞は不定詞に戻して辞書をひかなければなりません。
>
> Du wohntest ...
>
> 上の文で wohntest の -st は du に対する人称語尾ですから，これを除いた wohnte が過去基本形です。この wohnte から過去の語尾 -te を除いた wohn が語幹で，これに不定詞語尾 -en をつけた wohnen「住む」が不定詞です。過去分詞も語幹だけとり出して不定詞をもとめます。
>
> 強変化動詞や混合変化動詞の過去基本形や過去分詞は，ふつう下のように辞書の見出し語になっています。
>
> **ging**　→ gehen
>
> **getan**　→ tun
>
> だからといって過去形や過去分詞をいちいち辞書でひいているようでは心細い限りですから，なるべく早く主要な動詞の3基本形は本書の巻末の変化表で暗記してしまって下さい。

§9　未来人称変化

werden ＋不定詞でつくります。

lernen「学ぶ」の未来形

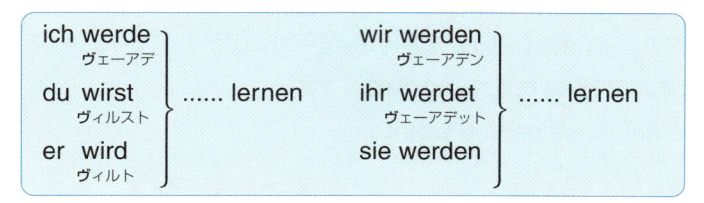

ich werde	…… lernen	wir werden	…… lernen
ヴェーアデ		ヴェーアデン	
du wirst		ihr werdet	
ヴィルスト		ヴェーアデット	
er wird		sie werden	
ヴィルト			

§10 ワク構造

前項で学んだ未来形を使って実際に文をつくってみましょう。

　　　　　　　　定動詞　　　　　　　　定動詞要素
　　　　　　Er **wird** fleißig Deutsch **lernen** .
　　　　　　　　　　　フライスィヒ
　　　　　　　　彼は勤勉にドイツ語を学ぶでしょう。

この文の定動詞は未来の助動詞 wird ですが，この wird とともに未来形を構成している本動詞の lernen が文末に置かれていることに注目して下さい。このような助動詞構文における本動詞のように**定動詞と密接な関係を持って一概念をなす語句**は**定動詞要素**といって，主文では文末に置くことになっています。これは**定動詞要素後置の原則**といってドイツ文法における重要な規則の一つです。wird と lernen とでワクをつくっているというので，この構文を**ワク構造**と呼びます。なお，述語形容詞や熟語動詞の規定部などもやはり定動詞要素です。

　　　Er **ist** in seinem Geschmack dem Vater **ähnlich**.
　　　　　　　　　　　　ゲシュマック　　　　　　　　　エーンリヒ
　　　　彼は好みが（＜好みにおいて）父親に似ている。(ist ... ähnlich「似ている」で一概念)

　　　Ich **ging** an jenem Abend sehr spät **zu Bett**.
　　　　　　　　　　　　　　　　　　　　　　シュベート
　　　　私はあの晩非常に晩く床についた。(ging ... zu Bett で一概念)

なお，副文では定動詞要素は後置された定動詞の直前に位置し，日本語とそっくりの語順になります。

　　　Ich hoffe, dass er fleißig Deutsch **lernen wird**.
　　　　　ホッフェ
　　　　彼が勤勉にドイツ語を学ぶであろうことを，私は希望します。

　　　Ich weiß nicht, ob er in seinem Geschmack dem Vater **ähnlich ist**.
　　　　　ヴァイス　　　　　　　　　　　　ゲシュマック
　　　　彼は好みが父親に似ているかどうか，私は知りません。

§11 未来形の用法

❶ 未来において行われるであろう動作

未来形を用いると日本語の「…だろう」と同様たいてい推量のニュアンスが加わってきます。また1人称では「…するつもりだ」という意志のニュアンスが加わってくるのがふつうです。

Er **wird** mit seinem Sportwagen noch einen Unfall **verursachen**.
シュポルトヴァーゲン　　　　　　　ウンファル　フェアウーアザッヘン

彼は彼のスポーツカーでそのうち事故をおこすだろう。(noch ここでは「そのうちに」)

Ich **werd**e dir **helfen**.
おまえを助けてあげよう。

▶ 未来のことでも推量・意志等のニュアンスを伴わないときは，現在形を用います。
Die Tante **kommt** morgen. おばはあす来ます。

❷ 現在のことに関する推量
Er **wird** es schon **wissen**.
彼はそのことをすでに知っているでしょう。

Übung

A　日本語に訳し，かつ文中の過去形の動詞を指摘し，その不定詞をいいなさい。

1. Er liebte sie, aber er sagte es ihr nicht.
   リープテ　　　　　　ザークテ

2. Meine Freunde warteten vor der Bank, während ich Geld wechselte.
   フロインデ　ヴァルテテン　　　　　　　ヴェーレント　　　　　　　ヴェクセルテ

3. Wie alt wart ihr, als euer Vater starb?
   ヴァールト　アルス オイアー　　シュタルプ

4. Wir nahmen ein Taxi, weil wir müde waren.
   ナーメン　　タクスィ ヴァイル　ミューデ ヴァーレン

5. Sie werden es bereuen, wenn Sie so etwas tun.
   ヴェーアデン　ベロイエン　　　　　エトヴァス トゥーン

6. Ich glaube nicht, dass er das Examen bestehen wird.
   エクサーメン　ベシュテーエン ヴィルト

7. Er wusste nicht, ob sein Sohn Geld hatte.
   ヴステ　　　　オプ

8. Der Mann wurde sehr zornig, als er es hörte.
   ヴルデ　　　　ツォルニヒ　　　　　ヘーアテ

● 単　語

Bank	囡 —/—en　銀行	**während**	…する間
sterben	死ぬ	**Taxi**	中 —s/—s　タクシー
bereuen	後悔する	**so etwas**	そのようなこと〈もの〉
Examen	中 —s/—　試験	**bestehen**	(試験に)合格する

zornig	怒った	**hören**	聞く

B　ドイツ語に訳し，かつ過去形と未来形に変えなさい。
1. 私はそれを彼らに言わない。
2. 彼は毎日（jeden Tag）医者に行く。
3. 君（親称）はホームシック（Heimweh 中 無冠詞）にかかっている（＝を持っている）。

解　答

A　1.　彼は彼女を愛していた。しかし彼はそれを彼女に言わなかった。
　　　(liebte＜lieben, sagte＜sagen)
　2.　私がお金を両替している間，私の友人たちは銀行の前で待っていました。
　　　(warteten＜warten, wechselte＜wechseln)
　3.　君たちのお父さんが亡くなったとき，君たちは何歳でしたか。
　　　(wart＜sein, starb＜sterben)
　4.　私たちは疲れていたので，タクシーに乗りました。
　　　(nahmen＜nehmen, waren＜sein)
　5.　そんなことをすれば，あなたは後悔するでしょう。
　6.　彼が試験に合格するだろうとは，私は思いません。
　7.　彼の息子がお金を持っているかどうか，彼は知りませんでした。
　　　(wusste＜wissen, hatten＜haben)
　8.　その男はそのことを聞くと，とても怒りました。
　　　(wurde＜werden, hörte＜hören)

B　1.　Ich sage〈sagte〉es ihnen nicht.
　　　Ich werde es ihnen nicht sagen.
　2.　Er geht〈ging〉jeden Tag zum Arzt.
　　　Er wird jeden Tag zum Arzt gehen.
　3.　Du hast〈hattest〉Heimweh.
　　　Du wirst Heimweh haben.

間違えやすい語

danken	（言葉に出して）礼を言う
dankbar sein ダンクバール	（心の中で）感謝している

Lektion 13 (dreizehn)

動詞の完了形

> Ich **habe** schon meine Hausaufgaben **gemacht**.
>
> 僕はもう宿題をやってしまった。

逐語訳 ich 私は　schon すでに　meine 私の　Hausaufgaben 宿題を　habe ... gemacht してしまった。

§1 haben か sein か

英語では完了形は *have* ＋過去分詞でつくります。ドイツ語でも完了の助動詞として haben を用いる動詞が多いのですが，自動詞の中には sein を用いる動詞もあります。前者を **haben 支配動詞**，後者を **sein 支配動詞**といいます。現在完了形によって両者の例を示します。

    haben 支配　　Ich **habe** einen Brief **geschrieben**.
                      私は手紙を書いてしまった。

    sein 支配　　Der Gast **ist** schon **gekommen**.
                      客はもう来ています。

現在完了形における過去分詞は**定動詞要素**（→12課§10）ですから，定動詞要素後置の原則により主文では文末に位置し**ワク構造**をつくります。

§2 sein 支配動詞

sein で完了形をつくる動詞は次のとおりです。

❶ 場所の移動を表す自動詞（行く・来る型）

    gehen 行く　　kommen 来る　　fahren 乗物で行く
    reisen 旅行する　　steigen 登る　　fallen 落ちる　*etc.*

これらの動詞は gehen と **意味形態**（意味のタイプ）が同じです。たとえば steigen「登る」は「上へ行く」，fallen「落ちる」は「下へ行く」と考えられます。

❷ **状態の変化を表す自動詞**（なる型）

　　　werden …になる　　genesen （病気が）治る　　einschlafen 眠り込む
　　　ヴェーアデン　　　　　ゲネーゼン　　　　　　　アインシュラーフェン
　　　reifen 熟する　　　sterben 死ぬ　　　　　　wachsen 成長する　etc.
　　　ライフェン　　　　　シュテルベン　　　　　　　ヴァクセン

　genesen「（病気が）治る」は病気の状態から健康な状態への変化を意味し，sterben「死ぬ」は生きている状態から死んだ状態への変化を意味します。これらの動詞は werden「…になる」と **意味形態** が同じです。たとえば genesen は gesund werden「健康になる」，sterben は tot werden「死んだ状態になる」と考えられます。

❸ **その他少数の自動詞**

　　　sein ある　　　　bleiben とどまる　　　begegnen 出会う　etc.
　　　ザイン　　　　　　ブライベン　　　　　　ベゲーグネン

📖 辞書のひきかた

　自動詞のうち完了形をつくる際 sein を用いるもの，つまり sein 支配動詞は辞書では (s.) で示されています。

　gehen* [géːən] 自 （または *i.*）(s.) 行く

haben 支配の動詞には (h.) の記号がついている場合もありますが，何も記号がついていないこともあります。ですから (s.) のない動詞はすべて haben 支配だと思って下さい。また次例のように (h., s.) と書いてある動詞があります。

　reiten [ráɪtən] *i.* (h., s.) 馬に乗る，馬に乗って行く

これは「馬に乗って**行く**」というように場所の移動に重点を置くときは sein 支配，「馬に乗る」という動作に重きを置く場合は haben 支配であることを示します。

　　Er **ist** durch den Wald geritten.
　　　　　　ドゥルヒ　　　ヴァルト　ゲリッテン
　　彼は馬で森を通り抜けた。

　　Er **hat** damals gern geritten.
　　　　　　ダーマールス
　　彼はその頃乗馬が好きでした。

ただし，本来 haben 支配にすべき場合にも sein 支配にすることがあります。

§3 現在完了形

haben または sein の現在形＋過去分詞でつくります。

	haben 支配	**sein 支配**
不定詞	lernen 学ぶ	kommen 来る
完了不定詞	**gelernt haben**	**gekommen sein**

ich	habe		ich	bin	
du	hast		du	bist	
er	hat	…… gelernt	er	ist	…… gekommen
wir	haben		wir	sind	
ihr	habt		ihr	seid	
sie	haben		sie	sind	

§4 現在完了形の用法

過去形が現在と関係なく過去の出来事を述べるのに対し，現在完了形は現在の立場から過去のことを述べるときに用いるのが原則です。

❶ 動作の完了とその結果

Ich habe meinen Pass verloren.
　　　　　　　　　　　フェアローレン

私はパスポートをなくしてしまった。(verloren＜verlieren「失う」)

Der Frühling ist gekommen.
　　フリューリング

春が来た。(その結果今は春である)

❷ 現在までの経験

Sind Sie schon einmal in Deutschland gewesen?
　　　　　ショーン　アインマール　　ドイチュラント　　ゲヴェーゼン

あなたはドイツへ行ったことがありますか。(gewesen: sein の過去分詞)

Nein, ich habe noch nie das Ausland besucht.
　　　　　　　　　　　　　　　アオスラント　ベズーフト

いいえ，私はまだ一度も外国を訪れたことがありません。(Ausland 中「外国」; nie = 英 *never*)

❸ 過去形の代りに

日常会話等では過去形の代りに好んで現在完了形を用います。英語と異なり gestern「きのう」(英 *yesterday*)など過去を表す副詞があっても現在完了形

を用いることができます。

Ich **habe** *gestern* ein Buch **gekauft**.
ゲスターン

私はきのう本を買いました。

§5 過去完了形

haben または sein の過去形＋過去分詞でつくります。

ich	hatte		ich	war	
du	hattest		du	warst	
er	hatte	…… gelernt	er	war	…… gekommen
wir	hatten		wir	waren	
ihr	hattet		ihr	wart	
sie	hatten		sie	waren	

§6 過去完了形の用法

❶ 過去のある時点までに完了した動作

Nachdem der Vater **gestorben war**, entstand ein Streit unter ihnen.
　　　　　　　　　ゲシュトルベン　　　　　エントシュタント　　シュトライト

父が死んだのち，彼らの間に争いが生じた。（entstand＜entstehen「生ずる」）

❷ 過去のある時点までの経験

Er **hatte** den „Faust" noch nicht **gelesen**, als er über Goethe schrieb.
　　　　　　　ファオスト　　　　　　　　　　　　　　ユーバー　ゲーテ　シュリープ

彼がゲーテについて書いたときには，彼はまだ「ファウスト」を読んだことがなかった。

§7 未来完了形

werden ＋完了不定詞でつくります。

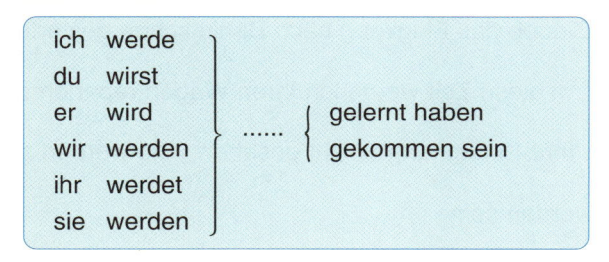

ich	werde		
du	wirst		
er	wird	……	gelernt haben
wir	werden		gekommen sein
ihr	werdet		
sie	werden		

§8 未来完了形の用法

❶ 未来のある時点までに完了しているであろう動作

Morgen um diese Zeit **werden** wir in Hamburg **gelandet sein**.
あすの今頃にはわれわれはハンブルクに上〈着〉陸していることでしょう。
(um diese Zeit「今頃」；landen「上〈着〉陸する」)

▷ 「…であろう」というような推量などのニュアンスが含まれないときは，現在完了形を用います。

Morgen um diese Zeit **sind** wir in Hamburg **gelandet**.
あすの今頃にはわれわれはハンブルクに上〈着〉陸しています。

❷ 過去のことに関する推量

Er sagt nichts davon. Er **wird** es **vergessen haben**.
彼はそのことについて何も言わない。それを忘れてしまったのでしょう。

Übung

A 日本語に訳しなさい。

1. Ich habe den Plan geändert und bin in die Schweiz gereist.

2. Ist Ihr Vater je in Deutschland gewesen? — Ja, er hat in Berlin studiert.

3. Für diese Erfindung hat er den Nobelpreis* erhalten.

4. Auch nachdem er den Nobelpreis erhalten hatte, machte er manche Erfindungen.

5. Wissen Sie, ob das Flugzeug nach Berlin schon gestartet ist?

6. Morgen um diese Zeit werde ich Ihren Wagen repariert haben.

7. Ich habe Ihre Kinder lange nicht gesehen. Sie werden sicher sehr groß geworden sein.

8. Bis ihr hierher kommt, wird der Schnee schon geschmolzen sein.
   ヒーアヘーア　　　　　　ヴィルト　　シュネー　　　　　　ゲシュモルツェン

   ◘ Nobelpreis の Nobel は［ノベル］と短く発音します。

● 単 語

Plan	男—[e]s /⁼e 計画	**Schweiz**	女 — / スイス
je	かつて，これまでに	**Erfindung**	女 — / —en 発明
Nobelpreis	男 —es /—e ノーベル賞	**erhalten**	受け［取］る
starten	出発する，離陸する	**sicher**	きっと
hierher	ここへ	**Schnee**	男 —s / 雪
schmelzen	融ける		

B　ドイツ語に訳しなさい。

1. われわれは北極（Nordpol 男）経由で（über 4格支配）Hamburg へ飛びま（fliegen）した。
2. その間に（inzwischen）私は彼の車を修理してしまっていました。
3. 彼らが来るまでに，われわれの飛行機は離陸してしまっているでしょう。

解 答

A 1. 私は計画を変更してスイスへ旅行しました。
  2. あなたのお父さんはこれまでにドイツへ行ったことがありますか。— はい，彼はベルリン［の大学］で勉強しました。
  3. この発明に対して彼はノーベル賞を受けました。
  4. ノーベル賞を受けたのちも，彼はいくたの発明をしました。
  5. ベルリン行きの飛行機はもう離陸したかどうか，ご存じですか。
  6. あすの今頃には私はあなたの車を修理してしまっているでしょう。
  7. 私はあなたのお子さんたちに長いこと会っていません。きっととても大きくなったことでしょう。
  8. 君たちがここへ来るまでに，雪は融けてしまっているでしょう。

B 1. Wir sind über den Nordpol nach Hamburg geflogen.
  2. Inzwischen hatte ich seinen Wagen repariert.
  3. Bis sie kommen, wird unser Flugzeug gestartet sein.

Lektion 14 (vierzehn)
レクツィオーン　　フィアツェーン

分離動詞

分　離　動　詞	Er **kommt** heute in Berlin **an**.
	ホイテ　　　　ベルリーン
	彼はきょうベルリンに到着する。
非分離動詞	Er **bekommt** einen Brief von ihr.
	ブリーフ　　　イーア
	彼は彼女から手紙を受け取る。

逐語訳　er 彼は　heute きょう　in Berlin ベルリンに　kommt ... an (<ankommen) 到着する。
er 彼は　einen Brief 手紙を　von ihr 彼女から　bekommt 受け取る。

§1 分離動詞と非分離動詞

　動詞，たとえば kommen は bekommen[ベコンメン]「受け取る」とか ankommen[アンコンメン]「到着する」のように前つづりを伴っていることがあります。bekommen の前つづり be- にはアクセントがありませんが，an- にはアクセントがあって，kommen よりも強く発音されます。このようなアクセントのある前つづりを持つ動詞は主文の定動詞になると，前つづりは基礎動詞から分離して文末に置かれ**ワク構造**をつくるので，分離動詞と呼ばれます。辞書等では分離動詞は前つづりと基礎動詞の間の分離線(|)によって示されます。

分離動詞		非分離動詞	
áuf|stehen	立ち上がる，起床する	verstéhen	理解する
アオフシュテーエン		フェアシュテーエン	
án|kommen	到着する	bekómmen	受け取る
アンコンメン		ベコンメン	
zurück|gehen	戻る	entgéhen	逃れる
ツリュックゲーエン		エントゲーエン	
áus|trinken	飲み干す	ertrínken	溺死する
アオストリンケン		エアトリンケン	
áb|fallen	離れ落ちる	gefállen	気に入る
アプファレン		ゲファレン	
entzwéi|brechen	真っ二つに割る	zerbréchen	打ち砕く
エントツヴァイブレッヒェン		ツェアブレッヒェン	

106

なお，分離動詞の前つづりは副詞・前置詞・形容詞・動詞・名詞など独立の一語として存在します。

zurück|gehen	戻る	zurück	戻って（副詞）
an|kommen	到着する	an	…の際に（前置詞）
teil|nehmen	参加する	Teil	部分（名詞）

これに反して be-, er-, ver- 等の非分離の前つづりは独立の一語としては存在しません。

§2 分離動詞の3基本形

過去基本形は分離した形で挙げ，また過去分詞の ge- は前つづりと基礎動詞の間にはさまれます。

不定詞		過去基本形	過去分詞
an|kommen アンコンメン	到着する	kam an カーム アン	an**ge**kommen アンゲコンメン
auf|stehen アオフシュテーエン	立ち上る，起床する	stand auf シュタント アオフ	auf**ge**standen アオフゲシュタンデン
ein|schlafen アインシュラーフェン	眠り込む	schlief ein シュリーフ アイン	ein**ge**schlafen アインゲシュラーフェン
teil|nehmen タイルネーメン	参加する	nahm teil ナーム タイル	teil**ge**nommen タイルゲノンメン
zurück|gehen ツリュックゲーエン	戻る	ging zurück ギング ツリュック	zurück**ge**gangen ツリュックゲガンゲン

§3 分離動詞を用いる構文

ここで分離動詞が分離する場合としない場合とをはっきり確認することにしましょう。前に述べたように，主文の定動詞になった場合にだけ分離するわけです。したがって副文では分離しません。

主文　　Er **steht** jeden Morgen früh **auf**.
　　　　　シュテート イェーデン モルゲン フリュー アオフ
　　　　彼は毎朝早く起きる。

副文　　Ich weiß, dass er jeden Morgen früh **aufsteht**.
　　　　ヴァイス
　　　　彼が毎朝早く起きることを私は知っている。

また未来形や完了形のような助動詞構文では，定動詞になるのは werden, haben, sein のような助動詞であって，分離動詞は不定詞や過去分詞になってい

るわけですから分離しないことはいうまでもありません。

未来形	Er wird morgen spät **aufstehen**.

　　　　　　ヴィルト　　　　　　シュペート
　　　　　　彼はあす遅く起きるでしょう。

現在完了形	Er ist heute sehr spät **aufgestanden**.

　　　　　　　　　ホイテ　　　　　　　　アオフゲシュタンデン
　　　　　　彼はきょうとても遅く起きました。

> 📖 辞書のひきかた
>
> 分離動詞は次のように出ています。
>
> **vor|stellen** [fóːɾʃtɛlən] 他（または t.）紹介する
>
> Er rief mich an.
>
> このような文に出会って意味が分からないときは rief を辞書の巻末の変化表等で調べると rufen「呼ぶ」の過去形であることが分かります。そこで「彼は私を呼んだ」と一応訳せますが文末に an が残ってしまいます。このような文末に残った小さな単語はたいてい分離の前つづりですから，これを rufen につけて anrufen をひくと「電話をかける」と出ています。そこで「彼は私に電話をかけた」と訳せます。

§4 非分離動詞

次の前つづりにはアクセントがなく，したがって分離することはありません。

be-	emp-	ent-	er-	ge-	miss-	ver-	zer-
			エア			フェア	ツェア

このような前つづりを持つ動詞は過去分詞で ge- がつかないことはすでに一度学びました（→12課§6）が，それ以外の点では一般の動詞と同じに扱えばよいのです。

besuchen　ベズーヘン	訪問する	besuchte	△besucht
verstehen　フェアシュテーエン	理解する	verstand	△verstanden
gehören　ゲヘーレン	…のものである	gehörte	△gehört

Er **verstand** mich nicht, weil er keine Kinder hatte.
　　　フェアシュタント　　　　　　　ヴァイル
　彼には子供がいなかったので，私を理解しなかった。

Dieses Haus hat früher meinem Onkel gehört.
フリューアー

この家は以前私のおじのものでした。(früher「以前」, gehört＜gehören「…のものである」を hören「聞く」の過去分詞と混同しないこと。)

§5 分離・非分離の前つづり

分離の前つづりにはアクセントがあり，非分離の前つづりにはアクセントがないということは分離動詞かどうかを見分ける決め手ですが，次にあげる8個の前つづりはアクセントのあるなしで，分離したりしなかったりします。

durch- ドゥルヒ	hinter- ヒンター	über- ユーバー	um- ウム
unter- ウンター	voll- フォル	wider- ヴィーダー	wieder- ヴィーダー

分 離　　　　úberlsetzen　　　Die Fähre **setzte** uns **über**.
　　　　　　ユーバーゼッツェン　　フェーレ　　ゼツテ　　　　　ユーバー
　　　　　　向こうへ渡す　　　　フェリーが私たちを向こう岸へ渡してくれた。

非分離　　　übersétzen　　　　Er **übersetzte** den Text ins Deutsche.
　　　　　　ユーバーゼッツェン　ユーバーゼツテ　　テクスト　　　ドイチェ
　　　　　　翻訳する　　　　　　彼はテキストをドイツ語に翻訳した。

分離・非分離の前つづりは，本来の空間的・具体的な副詞的意味を保っているときは分離し，比喩的・抽象的な意味に用いられているときは非分離がふつうです。たとえば，分離動詞の überlsetzen「向こうへ渡す」の über は「向こうへ」という本来の副詞的意味ですが，非分離動詞の übersetzen「翻訳する」の über は「向こうへ」という意味は薄れて比喩的な意味になっています。ただし um- の場合はこの関係がたいてい逆になっています。

分　　離		非分離	
hínterlgehen ヒンターゲーエン	うしろへ行く	hintergéhen ヒンターゲーエン	裏をかく
únterlgehen ウンターゲーエン	沈む	unterbréchen ウンターブレッヒェン	中断する
vóllIfüllen フォルフュレン	一杯にする	vollbríngen フォルブリンゲン	完成する
wíederlholen ヴィーダーホーレン	取り戻してくる	wiederhólen ヴィーダーホーレン	繰り返す
úmIgehen ウムゲーエン	交際する	umgéhen ウムゲーエン	…の回りを回る

§6 nicht の位置

❶ 全文否定

全文否定とは定動詞を否定することです。したがって nicht も定動詞要素の一種ですから，原則として文末に置きます。

> Sie liebt ihn **nicht**.
> 彼女は彼を愛していない。

> Wir tanzen heute **nicht**.
> タンツェン　ホイテ
> 私たちはきょうダンスをしない。

他に**定動詞要素**があれば nicht をその直前に置きます。定動詞要素とは定動詞とともに一概念をなす語句で，下の例文ではイタリック体で示されています。

> Er wird das Examen **nicht** *bestehen*.
> エクザーメン　　　　　　ベシュテーエン
> 彼は試験に合格しないだろう。（wird ... bestehen「合格するだろう」で一概念）

> Sie hat ihre Hausaufgaben **nicht** *gemacht*.
> ハオスアオフガーベン　　　　ゲマハト
> 彼女は宿題をやってない。（hat ... gemacht「してしまった」で一概念）

> Das Kind ist seinen Eltern **nicht** *ähnlich*.
> エルターン　　エーンリヒ
> その子は両親に似ていない。（ist ... ähnlich「似ている」で一概念）

> Ich gehe heute **nicht** *nach Hause*.
> ナーハ
> 私はきょう帰宅しません。（gehe ... nach Hause「帰宅する」で一概念）

> Er kommt noch **nicht** *zurück*.
> ツリュック
> 彼はまだ帰ってこない。（kommt ... zurück (＜zurück|kommen)「帰ってくる」で一概念）

❷ 部分否定

nicht は否定する語句の前に置きます。

> Sie liebt **nicht** ihn, sondern mich.
> 彼女が愛しているのは彼ではなくて，私だ。

> Wir tanzen **nicht** heute.
> 私たちがダンスをするのはきょうではない。

Übung

A 日本語に訳しなさい。

1. Ich fahre morgen ab und komme am Sonntag zurück.
2. Nach dem Abendessen geht er aus.
3. Wenn er abends ausgeht, nimmt er immer eine Taschenlampe mit.
4. Die Vorlesung des Professors fällt heute aus.
5. Der Assistent teilt den Studenten mit, dass die Vorlesung des Professors heute ausfällt.
6. Ich habe die Reise aufgegeben und an dem Sprachkurs teilgenommen.
7. Er schrieb den Text ab und übersetzte ihn ins Japanische.
8. Manche Studenten schlafen ein, sobald meine Vorlesung anfängt.

● 単 語

ab|fahren	(乗物で／が) 出発する	Sonntag	男 —[e]s／—e 日曜日
aus|gehen	外出する	Abendessen	中 —s／— 夕食
Taschenlampe	女 —／—n 懐中電灯	zurück|kommen	帰って来る
abends	晩に，毎晩	mit|nehmen	連れて〈持って〉行く
aus|fallen	中止になる	Assistent	男 —en／—en 助手
mit|teilen	伝える	auf|geben	あきらめる, 放棄する
Sprachkurs	男 —es／—e 語学講習	ab|schreiben	書き写す
sobald	…するやいなや	an|fangen	始まる

B ドイツ語に訳しなさい。

1. a. 彼は彼の（大学での）勉学（Studium 中）をあきらめる。
   b. 彼がなぜ（warum）彼の勉学をあきらめるのか，私は知りません。
2. a. 私は子供たちに童話（Märchen 中）を読んで聞かせる（vorllesen）。

b. 子供たちは私が彼らに童話を読んで聞かせている間に（während 従属接続詞）眠り込む。
 3. a. 彼らは旅行に参加しない。
   b. 彼らが旅行に参加するかどうか，誰も（niemand）知らない。

解　答

A 1. 私はあす出発し，そして日曜日に帰ってきます。
　2. 夕食のあとで彼は外出します。
　3. 晩に外出するとき，彼はいつも懐中電灯を持って行きます。
　4. その教授の講義はきょう休講です。
　5. 教授の講義がきょう休講になることを助手が学生たちに伝えます。
　6. 私は旅行をあきらめ，語学講習に参加しました。
　7. 彼はテキストを写し，そしてそれを日本語に翻訳しました。
　8. 私の講義が始まるやいなや，かなりの学生たちが眠り込みます。

B 1. a. Er gibt sein Studium auf.
　　b. Ich weiß nicht, warum er sein Studium aufgibt.
　2. a. Ich lese den Kindern ein Märchen vor.
　　b. Die Kinder schlafen ein, während ich ihnen ein Märchen vorlese.
　3. a. Sie nehmen an der Reise nicht teil.
　　b. Niemand weiß, ob sie an der Reise teilnehmen.

> 名詞の性の見分け方（9）
>
> ● **Ge—[e]，Ge—de は中性**
>
> Ge—[e] は連続・集合を，Ge—de は受動を表します。
>
> das Gebirge　連山（＜der Berg　山）
> 　ゲビルゲ
>
> das Geschrei　（連続する）叫び声（＜der Schrei　叫び）
> 　ゲシュライ
>
> das Gebäude　建物（＜bauen　建てる）
> 　ゲボイデ
>
> das Gemälde　絵（＜malen　描く）
> 　ゲメールデ

Lektion 15 (fünfzehn)

話法の助動詞

> **Darf** ich rauchen, Herr Doktor? — Nein, Sie **dürfen** weder rauchen noch trinken.
>
> 先生，タバコを吸ってもいいですか。— いいえ，タバコもお酒もいけません。

逐語訳 ich 私は　rauchen タバコを吸っ　darf (＜dürfen) てもよいか，Herr Doktor 医者殿？― nein いいえ　Sie あなたは　rauchen タバコを吸っても　trinken 飲んでも　dürfen いけ　weder ... noch (どちらも…)ない。

▶ weder ... noch ... 「…も…もない」＝ 英 neither ... nor ...

§1 話法の助動詞

次の六つの語は，他の動詞を助けて話し方にニュアンスを加えるので話法の助動詞と呼ばれます。これらは１人称・３人称単数現在形に語尾がなく，また sollen 以外は不定詞と異なる単数語幹を持っています。つまり wissen「知っている」(→4課§4) と同じ人称変化です。

不定詞	基本的意味	現在単数語幹
können	…できる	ich 〈er〉 **kann**
müssen	…しなければならない	ich 〈er〉 **muss**
wollen	…しようと思う	ich 〈er〉 **will**
sollen	…すべきである	ich 〈er〉 **soll**
dürfen	…してもよい	ich 〈er〉 **darf**
mögen	好む／…かもしれない	ich 〈er〉 **mag**

話法の助動詞はふつう他の動詞の不定詞を伴って用いられます。その場合不定詞は文末に置かれて**ワク構造**をつくることはいうまでもありません。また不定詞

113

を伴わず，みずからが本動詞となることがあります。

助動詞として 　Er **kann** Deutsch **sprechen**.
　　　　　　　　　　　　　　　　　　シュプレッヒェン
　　　　　　　　　　彼はドイツ語を話すことができる。

本動詞として 　Er **kann** Deutsch. 彼はドイツ語ができる。

§2 話法の助動詞の現在人称変化

　不定詞と現在単数語幹が分かれば，現在人称変化ができますが，念のため下に変化表を掲げておきます。

	können	**müssen**	**wollen**	**sollen**	**dürfen**	**mögen**
ich	kann	muss	will	soll	darf	mag
du	kannst	musst	willst	sollst	darfst	magst
er	kann	muss	will	soll	darf	mag
wir	können	müssen	wollen	sollen	dürfen	mögen
ihr	könnt	müsst	wollt	sollt	dürft	mögt
sie	können	müssen	wollen	sollen	dürfen	mögen

§3 können の意味

❶ 能力「…できる」

　　Das Kind **kann** bis zehn zählen.
　　　　　　　　　　　　　ツェーン　ツェーレン
　　その子は10まで数えることができる。

❷ 可能性「…ことがありうる」「…かもしれない」

　　Die Gäste **können** jeden Augenblick kommen.
　　ゲステ　　ケンネン　　イェーデン　アオゲンブリック
　　客はいまにも来るかもしれない。（jeden Augenblick「各々の瞬間に」「いまにも」。副詞的4格。）

§4 müssen の意味

❶ 必要・必然「…しなければならない」

　　Jetzt **müssen** wir nach Hause [gehen].
　　イェツト　ミュッセン
　　もう私たちは家に帰らなければならない。

◘ 話法の助動詞が nach Hause「家へ」のような方向規定を伴うときは，しばしば gehen などの動詞が省略されます。

❷ 話者の確信「…に違いない」

> Er **muss** es wissen.
> ムス
> 彼はそれを知っているに違いない。

§5 wollen の意味

❶ 意志「…しようと思う」「…を欲する」

> Er **will** das Mädchen heiraten.
> ヴィル　　メーチヒェン　ハイラーテン
> 彼はその娘と結婚するつもりだ。

❷ 主張「…と主張する」

> Diese Leute **wollen** dich kennen.
> ロイテ　ヴォレン
> この人びとは君を知っていると主張している。

§6 sollen の意味

❶ 主語以外の者の要求・意志「…すべきである」

> Wir **sollen** ehrlich sein.（道徳などの要求）
> ゾレン　エーアリヒ
> われわれは正直であるべきだ。

> Ich **soll** Arzt werden.（父親などの意志）
> アールツト
> 私は医者になれと言われている。

> Das Kind **soll** Momotaro heißen.（話者の意志）
> ハイセン
> この子は桃太郎という名前にしよう。
> 逐語訳　Das Kind この子供は　Momotaro 桃太郎　heißen という名前である　soll べきである。

> Du **sollst** es morgen haben.（話者の意志）
> 君にそれをあすあげよう。
> 逐語訳　du 君は　es それを　morgen あす　haben 持つ　sollst べきである。

◘ sollen は wollen と裏表の関係にあります。たとえば最後の例文は Ich **will** es dir morgen geben.「私はそれをあす君にあげよう。」を裏返した言い方です。

115

❷ 噂「…といわれている」

> **Er soll** ein geschickter Arzt sein.
> ゲシックター
>
> 彼は腕のよい医者だといわれている。

§7 dürfen の意味

許可「…してもよい」否定の場合：「…してはいけない」

> **Darf** ich hier parken?
> ダルフ　　　　　パルケン
>
> ここに駐車してもいいですか。

> Ihr **dürft** heute nicht ausgehen.
> 　　デュルフト　ホイテ　　　　アオスゲーエン
>
> 君たちはきょう外出してはいけない。

▶ 古くは nur を伴って「…しさえすればよい」の意味に使われましたが，現在ではこの意味には brauchen nur + zu 不定詞を用います。

> Sie dürfen nur klingeln.（古風）
> Sie brauchen nur zu klingeln.
> 　　　　　　　　　　　　　　あなたはベルを鳴らしさえすればいい。

§8 mögen の意味

❶ 嗜好「好む」

> Wir **mögen** den Sommer nicht.
> 　　メーゲン　　　　ゾンマー
>
> 私たちは夏を好みません。

▶ 「好む」の意味では，たいてい他の不定詞なしで，本動詞として用います。

❷ 推量「…かもしれない」「…だろう」

> Er **mag** über 40 (vierzig) Jahre alt sein.
> 　　マーク　ユーバー　　　フィアツィヒ　ヤーレ
>
> 彼は40歳以上だろう。

❸ 認容「…するがよかろう」

> Er **mag** sagen, was er **will**. Ich glaube ihm nicht.
>
> 彼が何と言おうとも，私は彼の言うことを信じない。
>
> 逐語訳　er 彼は　was 何でも　er 彼が　will 欲する　(was)ことを　sagen 言う　mag がよかろう。

116

§9 話法の助動詞＋完了不定詞

完了不定詞とともに用いられる場合は，たいてい§3-8で最初に挙げた①の意味でなく，②の意味になります。

Er	kann	es getan haben.	のかもしれない。
	muss	彼がそれをした	に違いない。
	will		と主張する。
	soll		といわれている。
	mag		のだろう。

この形を後述の話法の助動詞の完了形と混同してはいけません。

話法の助動詞＋完了不定詞　Er **muss** zum Arzt **gegangen sein**.
　　　　　　　　　　　　　　彼は医者へ行ったに違いない。

話法の助動詞の現在完了形　Er **hat** zum Arzt gehen **müssen**.
　　　　　　　　　　　　　　彼は医者へ行かなければならなかった。

▶ 話法の助動詞＋完了不定詞が①の意味になることもあります。

　Ich **muss** dieses Auto bis Abend **repariert haben**.
　　　　　　　　　　　　　　　　　　レパリーアト
　私はこの自動車を夕方までに修理してしまわなければならない。

§10 möchte について

möchte は本来 mögen「好む」の接続法第Ⅱ式（英語の仮定法にあたる）ですが，とくに1人称単数形 ich möchte [gern] ...「…したい」（＝英 I'd like to ...）は日常会話などできわめてひんぱんに用いられるので，mögen とは別個の助動詞と考えてください。

möchte「…したい」
メヒテ

ich	möchte	wir	möchten
	メヒテ		メヒテン
du	möchtest	ihr	möchtet
	メヒテスト		メヒテット
er	möchte	sie	möchten

Ich **möchte** [gern] Herrn Braun sprechen.
　　メヒテ　　　ゲルン　　ヘルン　　ブラオン　シュプレッヒェン
ブラオンさんにお目にかかりたいのですが。（ j⁴ sprechen「ある人に面会する」）

Möchten Sie noch eine Tasse Kaffee?
　メヒテン　　ズィー　ノホ　アイネ　タッセ　カッフェー
コーヒーをもう1杯いかがですか。

117

§11 話法の助動詞の3基本形

不定詞	過去基本形	本動詞としての過去分詞	助動詞としての過去分詞
können ケンネン	konnte コンテ	gekonnt	können
müssen ミュッセン	musste ムステ	gemusst	müssen
wollen	wollte	gewollt	wollen
sollen	sollte	gesollt	sollen
dürfen デュルフェン	durfte ドゥルフテ	gedurft ゲドゥルフト	dürfen
mögen メーゲン	mochte モホテ	gemocht ゲモホト	mögen

話法の助動詞が他の不定詞を伴わず、みずからが本動詞となる場合には ge- のついた過去分詞を用いますが、不定詞を伴って助動詞となる場合は不定詞と同形の過去分詞を用います。

	現在形		現在完了形
本動詞として	Ich **kann** es. 私はそれができる。	→	Ich **habe** es **gekonnt**. 私はそれができた。
助動詞として	Ich **kann** es *tun*. 私はそれをすることができる。	→	Ich **habe** es *tun* **können**. 私はそれをすることができた。

§12 話法の助動詞の時制

おもに用いるのは次の4時制です。müssen を例にしてその4時制を示します。

現在形	Ich **muss** zum Arzt [gehen]. 私は医者へ行かなければならない。
過去形	Ich **musste** zum Arzt [gehen]. 私は医者へ行かなければならなかった。
未来形	Ich **werde** zum Arzt [gehen] **müssen**. 私は医者へ行かなければならないでしょう。
現在形 完了形	⎧ Ich **habe** zum Arzt gehen **müssen**. ⎩ Ich **habe** zum Arzt **gemusst**. 私は医者へ行かなければならなかった。

◘ 助動詞として他の不定詞を伴う場合の完了形は gehen müssen のように不定詞形が二つ続くことになりますが，これが副文になると完了の haben が文末に来るべきところ，少し繰り上って gehen müssen の前に来ます。これは**二重不定詞**の後に完了の助動詞を置くことができないという文法規則によるものです。

Er weiß, dass ich zum Arzt **habe** gehen müssen.
私が医者へ行かなければならなかったことを，彼は知っています。

§13 話法の助動詞に準ずる動詞

❶ 使役の助動詞　　lassen …させる　　　machen …させる　　etc.
　　　　　　　　　　ラッセン　　　　　　　マッヘン

❷ 感覚動詞　　　　sehen 見る　　　　　hören 聞く　　　　etc.
　　　　　　　　　　ゼーエン　　　　　　ヘーレン

❸ その他　　　　　helfen 助ける　　　　lehren 教える　　　etc.
　　　　　　　　　　レーレン

これらの動詞は zu のない不定詞とともに用いることができます。その際完了形には過去分詞の代りに不定詞形を用いる場合があります。

　　　　　　現在形　　　　　　　　　　　　　　　現在完了形

Sie **lässt** mich warten.　　　　　　　　　Sie **hat** mich warten **lassen**.
　　レスト
彼女は私を待たせる。　　　　　　　　　　　彼女は私を待たせた。

Er **sieht** sie tanzen.　　　　　　　　　　Er **hat** sie tanzen { **sehen**.
　　　　　　　　　　　　　　　　　　　　　　　　　　　　　　　　 gesehen.
彼は彼女が踊るのを見る。　　　　　　　　　彼は彼女が踊るのを見た。

Ich **höre** ihn singen.　　　　　　　　　　Ich **habe** ihn singen { **hören**.
　　　　　　　　　　　　　　　　　　　　　　　　　　　　　　　　　 gehört.
私は彼が歌うのを聞く。　　　　　　　　　　私は彼が歌うのを聞いた。

Wir **helfen** ihr **kochen**.　　　　　　　Wir **haben** ihr kochen { **helfen**.
　　　　　　　　　コッヘン　　　　　　　　　　　　　　　　　　　　　 geholfen.
私たちは彼女が料理するのを手伝う。　　　　私たちは彼女が料理するのを手伝った。

> 📖 **辞書のひきかた**
>
> 話法の助動詞のふだん使われる意味については本課で文例を挙げて説明しましたが,ごくまれにはそれ以外の意味に使われることがあります。これは話法の助動詞に限ったことではありませんが,自分の知っている訳語でぴったりしないときは,念のため辞書を丹念にひいてみて下さい。よく知っている単語に意外な意味のあるのを発見することがあるものです。

Übung

A 日本語に訳しなさい。

1. Wenn du Professor werden willst, musst du als Assistent anfangen.
 アンファンゲン

2. Darf ich mitkommen? — Ja, du kannst mitkommen, wenn du willst.
 ミットコンメン

3. Stimmen darf man nicht nur zählen, man muss sie auch wägen.
 シュティンメン　　　　　　　　　　ツェーレン　　　　　　　　　　ヴェーゲン

4. Ich möchte gern auf dem Lande wohnen. Die Luft in der Stadt mag
 メヒテ　　　　　　　　　　　　　　　　　　　　　　　　　　　シュタット

 ich nicht.

5. Mit einem Ausländer sollst du langsam sprechen, sonst wird er dich
 アオスレンダー　　　　　　ラングザーム シュプレッヒェン　　ヴィルト

 nicht verstehen können.
 フェアシュテーエン

6. „Mehr Licht!" Dies* sollen Goethes letzte Worte* gewesen sein.
 メーア　リヒト　ディース　　　　　ゲーテス　レツテ　ヴォルテ　ゲヴェーゼン

7. Er lässt ein großes Haus bauen. Er muss viel Geld verdient haben.
 フェアディーント

8. Soll ich Sie abholen, oder wollen Sie mich abholen?
 アプホーレン

🔹 dies = dieses = das
 Worte: Wort は個々の「単語」の意味の複数形は Wörter ですが,まとまった意味のある「言葉」「文」の場合の複数形には Worte を用います。

● 単　語

mit|kommen	一緒に来る	Stimme	囡 — / — n 票
wägen	重さを量る	Luft	囡 — / ¨e 空気
Ausländer	男 — s / — 外国人	langsam	のろい
sonst	でないと	mehr	より多くの
Licht	中 —[e]s / — er 光	Wort	中 —[e]s / ¨er ⟨—e⟩ 語, 言葉
bauen	建てる	verdienen	かせぐ
ab|holen	連れて来る, 迎えに行く		

B　ドイツ語に訳し，かつ過去形と現在完了形にかえなさい。

1. 私のその映画 (Film 男) を見ようと思う。
2. 君 (親称) は私の電話 (Telefon 中) を使っ (benutzen) てもよい。
3. その子はスープ (Suppe 囡) を好まない。

解　答

A　1. 君が教授になろうと思うならば，助手として始めなければならない。
　　2. 一緒に来てもいいですか。— ええ，君が来たいなら来てもいいよ。
　　3. 票は数えるだけではいけない。それは重さも量って見なければいけない。
　　4. 私は田舎に住みたい。都会の空気は好きではありません。
　　5. 外国人とはゆっくり話すべきです。でないと君の言うことを理解できないでしょう。
　　6. 「もっと光を！」これがゲーテの最後の言葉であったそうです。
　　7. 彼は大きな家を建てさせている。彼は沢山お金をかせいだに違いない。
　　8. 私があなたを迎えに行きましょうか。それともあなたが私を迎えに来てくれますか。

B　1. Ich will ⟨wollte⟩ den Film sehen. Ich habe den Film sehen wollen.
　　2. Du darfst ⟨durftest⟩ mein Telefon benutzen. Du hast mein Telefon benutzen dürfen.
　　3. Das Kind mag ⟨mochte⟩ keine Suppe. Das Kind hat keine Suppe gemocht.

Lektion 16 (sechzehn)
レクツィオーン　　　　　　　　ゼヒツェーン

比　較

> Ein schönes Mädchen ist **schöner** als die **schönste**
> シェーネス　　　メーチヒェン　　　　シェーナー　　　　　　シェーンステ
> Blume.　美しい少女は最も美しい花より美しい。

逐語訳 schönes 美しい　ein ... Mädchen 少女は　die schönste 最も美しい　Blume 花　als より　schöner より美しい。

- als「…よりも」＝ 英 than

§1　形容詞の比較級と最上級

　英語と同じく，ドイツ語の形容詞にも原級のほかに比較級・最上級があり，その語尾も英語とよく似ています。1音節の形容詞は比較級・最上級で，a, o, u が変音するものが多いことと，どんなに長い形容詞でも -er, -st で比較級・最上級をつくる点が英語と異なっています。

原　級		比較級 —er	最上級 —st
klein クライン	小さい	kleiner クライナー	kleinst クラインスト
jung ユング	若い	jünger ユンガー	jüngst ユングスト
alt アルト	古い, 老いた	älter エルター	ältest エルテスト
stark シュタルク	強い	stärker シュテルカー	stärkst シュテルクスト
teuer トイアー	高価な	teurer* トイラー	teuerst トイアースト
langsam ラングザーム	のろい	langsamer ラングザーマー	langsamst ラングザームスト

- 最上級の語尾は -st が原則です。原級が -t, -d および歯擦音 [s] [ʃ] [ts] [tʃ] で終るものは口調の e を入れて -est とします。
- edel, teuer など原級が -el, -er に終るものは比較級で e を省きます。

122

不規則な比較変化をする形容詞は次のとおりです。

原　級		比較級	最上級
groß グロース	大きい	größer グレーサー	größt グレースト
gut	よい	besser	best
hoch ⟨hoh-⟩ ホーホ　ホー	高い	höher ヘーアー	höchst ヘーヒスト
nahe ナーエ	近い	näher ネーアー	nächst ネーヒスト
viel フィール	多い	mehr メーア	meist マイスト
wenig ヴェーニヒ	わずかの	weniger ヴェーニガー / minder ミンダー	wenigst ヴェーニヒスト / mindest ミンデスト

§2 比較級・最上級の付加語的用法

比較級・最上級も付加語として名詞の前に置くときは，原級と同じ格変化をします。最上級には定冠詞または所有冠詞がつきます。

原　級　　mein alt-**er** Bruder　　私の老いた兄⟨弟⟩

比較級　　mein älter-**er** Bruder　　私の兄（＜より老いた兄弟）
　　　　　　　エルテラー

最上級　　mein ältest-**er** Bruder　　私の一番上の兄（＜最も老いた兄弟）
　　　　　　　エルテスター

Ich wohne in einem kleineren Zimmer als du.
　　　　　　　　　　　　クライネレン　　ツィンマー
僕は君より小さな部屋に住んでいる。

Der Fuji ist der höchste Berg in Japan.
　　　　　　　　　　ヘーヒステ　ベルク　　　ヤーパン
富士山は日本で一番高い山である。

Picasso ist einer der größten Maler.
ピカソ　　　　　　　　　グレーステン
ピカソは最も偉大な画家の1人だ。（einer der ... = 英 one of the ...）

🔷 mehr, weniger には格語尾をつけません。「より多くの」「よりわずかの」という形容詞でなく，「より多く」「よりわずか」というふうに副詞的に考えられているためと思われます。
　　Er hat **mehr** Bücher als ich.　　彼は私より沢山本を持っている。

123

§3 比較級の述語的用法

「AはBよりも〜である」というときは **A ist 〜er als B.** の形式をとります。

Die Liebe ist **stärker** *als* der Tod.
<small>シュテルカー　　　　　　トート</small>

愛は死より強い。

Er ist [um] drei Jahre **älter** *als* ich.
<small>　　　　　ドライ　ヤーレ</small>

彼は私より3歳[だけ]年上です。

● um「…だけ」は差を表しますが、たいてい省略します。

Sie ist viel **jünger**, *als* sie aussieht.
<small>　　　　　ユンガー　　　　アオスズィート</small>

彼女は見かけよりずっと若い。

[逐語訳] sie 彼女は　sie 彼女が　aussieht 見える　als よりも　viel ずっと　jünger より若い　ist です。

● この場合の als は副文を率いていますので、前にコンマを打ちます。
　比較級を強めるには上例のように viel「ずっと」を用いるのがふつうです。

Er ist als Dichter **größer** *denn* als Maler.
<small>　　　　ディヒター　グレーサー　　　　　　マーラー</small>

彼は画家としてよりも詩人としてのほうが偉大である。

[逐語訳] Er 彼は　als Maler 画家として　denn より　als Dichter 詩人として　größer より偉大　ist である。

● 「…よりも」の意味に als でなく denn が使われていますが、これは「…として」の als との重複を避けるためです。なお、この denn は英語の *than* と同語源で、古くは「…よりも」の意味に広く使われました。

Geben ist seliger **denn** (=als) Nehmen.
<small>　　　　　　ゼーリガー</small>

与うるは受くるより幸いなり。(Geben 中「与えること」; Nehmen 中「受け取ること」)

---

als の3用法

❶ …したとき　　**Als** sie es hörte, wurde sie rot.
　　　　　　　　彼女はそれを聞いたとき、赤くなった。

❷ …として　　　Ich rate dir **als** dein Freund.
　　　　　　　　私は友人として君に忠告する。

❸ …よりも　　　Er ist älter **als** du.
　　　　　　　　彼は君より年上だ。

§4 最上級の述語的用法

❶ am ～sten
最上級が sein を介して主語を修飾するときは原則としてこの形を用います。

Silber ist teuer, Gold ist teurer, aber Platin ist am teuersten.
ズィルバー　　トイアー　ゴルト　　トイラー　　　プラティーン　　　トイアーステン
銀は高価だ。金はもっと高価だ。しかしプラチナが一番高価だ。

Die Studenten sind vor dem Examen am fleißigsten.
　　　　　　　　　　　　　　　　エクザーメン　　フライスィヒステン
学生たちは試験の前が一番勤勉である。

❷ der ～ste, die ～ste, das ～ste
最上級のあとに名詞が省略されていると考えられる場合に限りこの形を用います。その場合最上級につく定冠詞の性は，省略されている名詞の性に従います。「…の中で」は **von** または **unter** ＋3格で表します。

Der gerade Weg ist der kürzeste.
　　ゲラーデ　ヴェーク　　　　キュルツェステ
まっすぐな道が一番短い。(der kürzeste Weg「最も短い道」と考える。)

Der Winter ist die kälteste von den vier Jahreszeiten.
　　　　　　　　　　　　　　　　　　　フィーア　ヤーレスツァイテン
冬は四季の中で一番寒い。(die kälteste Jahreszeit「最も寒い季節」と考える。)

Unter allen Gebäuden ist der Fernsehturm das höchste.
　　　　　ゲボイデン　　　　　　　フェルンゼートゥルム　　ヘーヒステ
すべての建物の中でテレビ塔が一番高い。(das höchste Gebäude「最も高い建物」と考える。)

▶ 最上級のあとに省略されている名詞は原則として文中の他の箇所に明示されていなければなりません。ただし主語が人の場合には他の箇所に明示されていなくても der ～ste 等が使えます。この場合の der ～ste は名詞の省略ではなくて，形容詞の名詞化です。

Peter ist der Fleißigste in der Klasse.
ペーターがクラスで一番勤勉だ。

▶ 本来 der ～ste を用いるべき場合にも現代ドイツ語では am ～sten を用いることができます。したがって der ～ste 等を用いるべきか am ～sten を用いるべきか自信のないときは，am ～sten の方を用いてください。

§5 副詞の比較級・最上級
たいていの形容詞はそのままの形で副詞としても用いられますが，これは比較級・最上級の場合でも同じです。最上級は必ず **am ～sten** です。

Ich laufe **schnell**.
<small>ラオフェ　シュネル</small>
<small>私は速く走る。</small>

Du läufst **schneller** als ich.
<small>ロイフスト</small>
<small>君は私よりも速く走る。</small>

Aber dein Bruder läuft **am schnellsten**.
<small>しかし君の兄〈弟〉が一番速く走る。</small>

本来の副詞で比較変化をするものは次の語です。

原　級	比較級	最上級
bald まもなく, すぐに <small>バルト</small>	eher <small>エーアー</small>	am ehesten <small>エーエステン</small>
gern 好んで <small>ゲルン</small>	lieber <small>リーバー</small>	am liebsten <small>リープステン</small>
oft しばしば	öfter <small>エフター</small>	am öftesten <small>エフテステン</small>
wohl よく <small>ヴォール</small>	besser	am besten

これらのうち最も重要なのは gern の比較形です。

Ich trinke nicht **gern** Kaffee. Tee trinke ich **lieber**. **Am liebsten** trinke ich aber Saft.
<small>私はコーヒーを飲むのが好きではありません。紅茶の方が好きです。一番好きなのはしかしジュースです。</small>

§6 絶対比較級・絶対最上級

❶ 形容詞の絶対比較級

他のものと比較するのではなく，そのものの性質の程度がやや高いことを示します。

Ich habe eine **ältere** Dame kennen gelernt.
<small>エルテレ　　　　　　　　ゲレルント</small>
<small>私は中年の婦人と知り合いになりました。（eine ältere Dame「比較的老いた婦人」→「中年の婦人」は eine junge Dame「若い婦人」より老いているということで，eine alte Dame「老婦人」よりも若いのです。）</small>

Wir machen bald eine **längere** Reise.
<small>マッヘン　　　　　　　　レンゲレ</small>
<small>私たちはまもなく比較的長い旅行をします。</small>

126

❷ **形容詞の絶対最上級**

他のものと比較せず，単に程度がきわめて高いことを表すもので，最上級につきものの定冠詞がないこともあります。

　　Er war in **bester** Stimmung.
　　　　　　　　　　シュティムング

　　彼はきわめて上機嫌だった。

　　Das Fest fand nur im **kleinsten** Kreis statt.
　　　　　　　　　　　　　　　クライス　シュタット

　　祝宴は内輪だけで行われた。(Kreis 男「範囲」, statt|finden「行われる」)

❸ **副詞の絶対最上級**

am ～sten 以外で st を含み，一見最上級らしく見える副詞はすべて絶対最上級です。ふつう aufs ～ste で「きわめて…」の意味ですが，そのほか ～stens, ～st などもあります。aufs ～ste 以外は辞書の見出し語になっています。

　　Er begrüßte mich **aufs höflichste**〈Höflichste〉.
　　　　ベグリューステ　　　　アオフス　ヘーフリヒステ

　　彼は私にきわめて丁重にあいさつした。(begrüßen 歓迎の気持をこめて「あいさつする」。ふつうに「あいさつする」は grüßen。)

　　Mein Mann lässt Sie **bestens** grüßen.
　　　　　　　　レスト

　　夫がくれぐれもよろしくと申しています。

　　逐語訳　mein Mann 私の夫が　Sie あなたに　bestens きわめてよく　grüßen あいさつ　lässt させる。

　　Er war **äußerst** erregt, als er es hörte.
　　　　　　オイサースト　エアレークト

　　彼はそれを聞いたとき，極度に興奮した。

§7 その他の比較の形式

❶ **原級による比較**　so〈ebenso〉～ wie ...（英 as〈just as〉～ as ...）

　　Jürgen ist **so**〈ebenso〉fleißig **wie** du.
　　　　　　　　ゾー　　エーベンゾー　　　　ヴィー

　　ユルゲンは君と同じく勤勉である。

　　Er ist nicht **so** berühmt **wie** sein Vater.
　　　　　　　　　　ベリュームト

　　彼は彼の父ほど有名ではない。

　　Er hat doppelt〈dreimal〉**so** viel Geld **wie** ich.
　　　　　　ドッペルト　　ドライマール

　　彼は私の2倍〈3倍〉お金を持っている。

❷ **劣等比較 weniger 〜 als ...**「…ほど〜でない」

    Ich bin **weniger** begabt **als** meine Schwester.
    ヴェーニガー　ベガープト

    私は私の姉〈妹〉ほど才能がない。(begabt「才能のある」)

❸ **同一物の二つの性質の比較 mehr 〜 als ...**「…というよりむしろ〜」

    Der Junge ist **mehr** faul **als** dumm.

    その少年は愚かというより怠惰なのだ。

❹ **比例比較 je ＋比較級，desto〈umso〉＋比較級**「〜であればあるほど，ますます〜」

    Je mehr, { **je** / **desto** / **umso** } besser.
    イェー　　　　　　　　デスト　　ウムゾ

    多ければ多いほどいい。(英 *The more, the better.*)

    Je früher Sie zum Arzt gehen, **desto**〈umso〉**schneller** werden
    フリューアー　　　　　アールツト
    Sie gesund.
    ゲズント

    医者に行くのが早ければ早いほど，あなたは速く健康になります。
    (früh「(時期が)早い」，schnell「(速度が)速い」)

  ▷ je のあとは定動詞後置，desto〈umso〉＋比較級のあとは定動詞倒置です。

❺ **漸増 immer ＋比較級；比較級 und 比較級**「だんだん〜」「ますます〜」

    Der Wind wurde { **immer stärker**. / **stärker und stärker**. }
    　　　　　　　　　　シュテルカー

    風はますます強くなった。

> ### 📖 辞書のひきかた
>
> 　形容詞の比較級や最上級は原級でひきます。付加語になっている場合はまず格語尾を除いてから，さらに比較級や最上級の語尾 -er, -[e]st, 場合によっては変音記号（¨）も取り除かなくてはなりません。
>
> 　ein größeres Haus
>
> 上例の größeres の -es は格語尾で größer が比較級，したがって groß が原級です。時々 ein kleiner Wagen「小さい車」などの kleiner を比較級と勘違いするそそっかしい人がいますが，この kleiner は原級で，-er は格語尾です。比較級なら ein kleinerer Wagen となるはずです。
>
> なお，不規則な比較級や最上級は辞書の見出し語になっています。

Übung

A　日本語に訳しなさい。

1. Die Wolga ist länger als der Rhein.　Sie ist der längste Fluss Europas.

2. Das Examen war leichter, als ich erwartet hatte.

3. Ich bin am glücklichsten, wenn ich bei dir bin.

4. Nach meiner Ansicht ist die Schweiz das schönste unter allen Ländern.

5. Dieses Haus ist schon längere Zeit leer.

6. Ich lese nicht gern.　Musik höre ich lieber, aber am liebsten tanze ich.

7. Je älter man wird, desto schwächer wird das Gedächtnis.

8. Der Verkehr wird stärker und stärker.　Immer mehr Menschen sterben durch Verkehrsunfälle.

● 単　語

Wolga	女 ― / ヴォルガ河	**Rhein**	男 ―[e]s / ライン河
Europa	中 ―s / ヨーロッパ	**leicht**	容易な
erwarten	期待する，予想する	**glücklich**	幸福な
Ansicht	女 ― /―en 見解	**Schweiz**	女 スイス
leer	からの，空いている	**schwach**	弱い
Gedächtnis	中 ―ses /―se 記憶[力]	**Verkehr**	男 ―[e]s /―e 交通
Verkehrsunfall	男 ―s / ... unfälle 交通事故		

B　ドイツ語に訳しなさい。

1. 医者は時には (manchmal) 病気 (Krankheit 女) そのもの (selbst) よりも危険で (gefährlich) ある。
2. 交通は今頃が (um diese Zeit) 一番激しい。
3. ドイツのすべての山の中でツークシュピッツェ (Zugspitze 女 定冠詞つき) が一番高い。

解　答

A 1. ヴォルガ河はライン河よりも長い。それはヨーロッパの一番長い川です。
　2. 試験は私が予想していたよりもやさしかった。
　3. 私はあなたのそばにいるときが，一番幸福です。
　4. 私の見解ではスイスがすべての国の中で一番美しい。
　5. この家はもうかなり長い間空いています。
　6. 私は読書が好きではありません。音楽を聞く方が好きです。しかし一番好きなのはダンスです。
　7. 年をとればとるほど，記憶力は弱くなります。
　8. 交通はますます激しくなる。ますます多くの人が交通事故で死にます。

B 1. Der Arzt ist manchmal gefährlicher als die Krankheit selbst.
　2. Der Verkehr ist um diese Zeit am stärksten.
　3. Unter〈Von〉allen Bergen Deutschlands ist die Zugspitze der höchste.

Lektion 17 (siebzehn)
レクツィオーン　ズィープツェーン

不定詞

> Es ist dumm, immer der Mode **zu folgen**.
>
> いつも流行を追うことは愚かです。

逐語訳　immer いつも　der Mode 流行に　zu folgen 従うことは　es［それは］　dumm 愚かで ist ある。

§1　zu のない不定詞

不定詞は未来の助動詞 werden とともに未来形をつくったり，話法の助動詞等とともに用いられることはすでに学びましたが，その他に次のような用法があります。

❶ 頭文字を大書して「…すること」という意味の中性の動作名詞として用います。

　　Mein Hobby ist **Angeln**.
　　　　　　　　　ホビ
　　私の趣味は魚釣りです。（Angeln 中「魚釣り［をすること］」< angeln「魚釣りをする」）

　　Der Arzt verbietet mir **das Rauchen**.
　　アールツト　フェアビーテット　　　　　ラオヘン
　　医者は私に喫煙を禁止しています。（Rauchen 中「喫煙」< rauchen「タバコを吸う」）

　　Zum **Lernen** ist man nie zu alt.
　　学ぶのに（＜学ぶことのために）年を取り過ぎているということは決してない。

❷ 小文字のままでも，目的語・副詞などを伴って主語や述語として名詞的に用います。

　　Viel rauchen ist nicht gesund.
　　沢山タバコを吸うのは健康によくない。

　　Vater werden ist nicht schwer, **Vater sein** dagegen sehr. (Wilhelm
　　　　　　　　　　　　　シェヴェーア　　　　　　　　ダゲーゲン　　　　　ヴィルヘルム
　　Busch)
　　ブッシュ
　　父親になるのはたやすいが，父親である（＝子を育てる）のは楽じゃない。（dagegen「こ

れに反して」)

この用法は現代ドイツ語では主として格言・諺などで用いられるに過ぎず，ふつうは次項以下で学ぶように不定詞に zu をつけて Vater zu werden「父親になること」のようにします。

§2 zu 不定詞 [句]

不定詞に zu をつけたものを zu 不定詞といい，ふつう「…すること」という名詞的意味を持っています。分離動詞では zu が前つづりと基礎動詞の間にはさまれて一語に書かれます。

zu 不定詞	**zu** trinken	飲むこと
分離動詞の場合	aus**zu**trinken (＜aus｜trinken) アオスツートリンケン	飲み干すこと
zu 不定詞句	Wein **zu** trinken	ワインを飲むこと
完了 **zu** 不定詞句	Wein getrunken **zu** haben ゲトルンケン	ワインを飲んだこと

不定詞句の語順はだいたい日本語と同じです。日本語で言ってみて一番最後になるのが不定詞ですから，それに zu をつければよいのです。

 jeden Tag mit dem Baby zum Arzt gehen **zu** müssen
  イェーデン ターク　　　　　ベービ
  毎日／赤ん坊をつれて／医者へ／行か／なければならないこと

英語の *must* 等と違い，müssen 等話法の助動詞にも不定詞があるので，zu をつけることができます。

なお，zu 不定詞句に主語を入れることはできません。主語を入れるには，次のように従属接続詞 dass を用いて副文にします。

 dass *ich* jeden Tag mit dem Baby zum Arzt gehen muss
  私が毎日赤ん坊をつれて医者へ行かなければならないこと

§3 zu 不定詞 [句] の基本的用法

❶ 主語として

 Gegen den Strom **zu** schwimmen [, das] ist schwer.
  　　　　　シュトローム　　シュヴィンメン　　　　　　シュヴェーア
  流れに逆らって泳ぐことはむずかしい。

上例のように zu 不定詞句を文頭に置くと重苦しい感じがするので，好んで代理主語 es を文頭に置いて zu 不定詞句をあとまわしにします。

Es ist schwer, gegen den Strom **zu** schwimmen.

❷ 目的語として

Ich wage [es] nicht, gegen den Strom **zu** schwimmen.
<small>私は流れに逆らって泳ぐことをあえてしません。(wagen「あえてする」)</small>

Sie liebt [es], klassische Musik zu hören.
<small>クラスィッシェ　ムズィーク　ヘーレン</small>
<small>彼女はクラシック音楽を聞くのが好きです。</small>

カッコ内の es は代理目的語です。wagen や lieben など少数の動詞では代理目的語 es を用いることが多いのですが，たいていの動詞では es を用いません。

Er behauptet, gegen den Strom geschwommen **zu** sein.
<small>ベハオプテット　　　　　　　　　　　ゲシュヴォンメン</small>
<small>彼は流れに逆らって泳いだと主張する。(geschwommen zu sein は完了 zu 不定詞。)</small>

Vergessen Sie nicht, das Licht aus**zu**machen!
<small>フェアゲッセン　　　　　　　　　リヒト　アオスツーマッヘン</small>
<small>あかりを消すのを忘れないで下さい。(aus|machen「消す」)</small>

❸ 名詞を規定して

Ich hatte nicht den Mut, Ihnen die Wahrheit **zu** sagen.
<small>　　　　　　　　　　　　　　　　　ヴァールハイト</small>
<small>私はあなたに真実を言う勇気がなかった。</small>

Wir haben das Recht, unsere Regierung selbst **zu** wählen.
<small>　　　　　　レヒト　　　　レギールング　ゼルプスト　ヴェーレン</small>
<small>われわれはわれわれの政府をみずから選ぶ権利を持っている。</small>

§4 zu 不定詞 [句] とコンマ

zu lernen のように zu 不定詞だけのときはその前にコンマは不要です。Deutsch zu lernen や fleißig zu lernen のように目的語や副詞規定などがついて zu 不定詞**句**になると区切りを明確にするために，ふつう前にコンマを打ちます。

Er hat keine Zeit **zu lernen**.
<small>　　　　　　ツァイト</small>
<small>彼は学ぶ暇がない。</small>

Er hat keine Zeit, **Deutsch zu lernen**.
<small>彼はドイツ語を学ぶ暇がない。</small>

なお，scheinen「…のように見える」，pflegen「…を常とする」，brauchen「…を必要とする」など習慣的にコンマなしで zu 不定詞句と結びつく動詞があります。

Sie **scheint** dich **zu** kennen.
シャイント

彼女は君を知っているように見える。

Er **pflegte** früh auf**zu**stehen.
プフレークテ　　アオフツーシュテーエン

彼は早く起きる習慣だった。

Du **brauchst** es ihr nicht **zu** sagen.
ブラオホスト

君はそれを彼女に言う必要はありません。

§5 um, ohne, [an]statt と zu 不定詞［句］

zu 不定詞［句］は um, ohne, [an]statt と結んで，次の意味の慣用句をつくります。

um + **zu** 不定詞［句］	…するために
ohne + **zu** 不定詞［句］ オーネ	…することなしに
[**an**]**statt** + **zu** 不定詞［句］ ［アン］シュタット	…する代りに

Ich gehe zum Bahnhof, **um** die Gäste ab**zu**holen.
バーンホーフ　　　　　　　ゲステ　　アプツーホーレン

私は客たちを迎えに駅へ行く。

🔷 um + zu 不定詞の um は省略されることがあります。

Er kam, [um] Abschied zu nehmen.
アプシート

彼はお別れに来た。

🔷 um + zu 不定詞句には「…すれば」という意味の**断り書き**を表す**絶対的用法**があります。断り書きが前にあっても，ふつう後続文の語順に影響を与えません。

Um die Wahrheit zu sagen, ich traue ihm nicht.
本当のことを言えば，私は彼を信用していない。

🔷 um + zu 不定詞は結果を表すことがあります。

Er kam, um gleich wieder wegzugehen.
彼は（いったん）来たが，またすぐにいなくなってしまった。

Er verließ das Restaurant, **ohne zu** bezahlen.
  フェアリース　　　レストラーン　　　　　　　ベツァーレン
  彼は勘定を支払わずにレストランを出た。
  (verließ＜verlassen「立去る」，bezahlen「支払う」)

Ich rufe ihn an, **statt** 〈anstatt〉 einen Brief **zu** schreiben.
  私は彼に手紙を書かないで（＜書く代わりに），電話をかける。

💧 ohne zu と [an]statt zu の相違
  ohne zu も [an]statt zu も「…しないで」と訳せることがありますが，ohne zu の場合 zu 不定詞句の内容はふつう主文の内容の一条件と考えられるのに対し，[an]statt zu の場合は zu 不定詞句の内容と主文の内容は対立するものです。たとえば，レストランを出るには勘定を払うことが条件ですが，電話をかけることと，手紙を書くことは対立する内容です。

§6 da[r] ＋前置詞と zu 不定詞句

zu 不定詞句が前項の um, ohne, [an]statt 以外の前置詞の支配を受けるときは da[r]＋前置詞の形をとります。次の例文を比較して下さい。

Er ist stolz **auf** seinen Sohn.
  シュトルツ
  彼は自分の息子を誇りにしている。(auf j^4〈et^4〉 stolz sein「ある人〈物〉を誇りに思う」)

Er ist stolz **darauf** (＜auf es), in Deutschland studiert **zu** haben.
  シュトルツ　ダラオフ
  彼はドイツの大学で勉強したことを誇りにしている。(**直訳**　…勉強したこと，そのことを (=darauf) 誇りに思う。)

Ich bin **mit** meinem Fahrrad zufrieden.
  ファールラート　ツフリーデン
  私は私の自転車に満足している。(mit et^3 zufrieden sein「ある物に満足している」)

Ich bin **damit** zufrieden, nur ein Fahrrad **zu** besitzen.
  私はただ1台の自転車を持っていることで満足している。

💧 da[r]＋前置詞は，zu 不定詞句が意味上4格目的語に近く「…することを」と訳せる場合や，「…するように」と訳せる場合にはしばしば省略されます。
  Ich denke [**daran**], mein Auto zu verkaufen.
    私は車を売ることを考えている。(an et^4 denken「ある事を考える」)
  Sie bat ihn [**darum**], ein paar Minuten **zu** warten.
    彼女は彼に2，3分待つように頼んだ。(j^4 um et^4 bitten「ある人にある事を頼む」)

なお，前置詞が dass や ob の副文を支配するときも da[r]＋前置詞の形を用います。

Er ist stolz **darauf**, **dass** sein Sohn in Deutschland studiert.

彼は息子がドイツの大学で勉強していることを誇りにしている。

Das hängt **davon** ab, **ob** ich im Juli Urlaub bekomme.

ユーリ ウーアラオブ

それは私が7月に休暇がもらえるかどうかによる。（直訳 …かどうか，そのことに (=davon) よる。von *et³* abhängen「ある事次第である」）

§7 haben, sein と zu 不定詞

haben + zu 不定詞	…することのできる…を持つ …しなければならない
sein + zu 不定詞	…されることができる …されなければならない

Ich **habe** alte Kleider **zu** verkaufen.

クライダー　　フェア**カ**オフェン

私は｛売ることのできる古着を持っている。
　　　古着を売らなければならない。

Seine Tat **ist zu** loben.

タート

彼の行為は｛ほめられうる。
　　　　　ほめられなければならない。

二つの意味のうちどちらになるかは，前後関係によって決まります。

▶ sein + zu 不定詞が名詞の前に置かれて付加語になると，**未来受動分詞**（→23課§4）になります。

die **zu lobende** Tat ｛ほめられうる行為
　　　　　　　　　　　ほめられなければならない行為

---

zu の用法

① **前置詞**「…[のところ]へ」　　**zu** mir　私のところへ

② **副詞**「あまりにも…」　　　　**zu** klein　小さすぎる

③ **zu 不定詞**「…すること」　　 **zu** lernen　学ぶこと

Übung

A 日本語に訳しなさい。

1. Es ist unangenehm, lange warten zu müssen.
   ウンアンゲネーム

2. Er hat mir versprochen, mich seiner Schwester vorzustellen.
   フェアシュプロッヘン　　　　　　　　　　　フォーアツーシュテレン

3. Niemand hat das Recht, den Brief an einen anderen zu lesen.
   ニーマント　　　　　レヒト

4. Ich werde mein Bestes tun, um Ihnen zu helfen.

5. Können Sie diesen Satz übersetzen, ohne ein Wörterbuch zu benutzen?
   ザッツ　ユーバーゼッツェン　　　　ヴェルターブーフ　　ベヌッツェン

6. Sie liest in der Bibliothek, statt am Seminar teilzunehmen.
   ビブリオテーク　　　ゼミナール　タイルツーネーメン

7. Bereust du schon, mich geheiratet zu haben?
   ベロイスト　　　　　ゲハイラーテット

8. Es gelang mir gestern, Ihren Vater zu treffen. Er ist sonst schwer
   ゲラング
   zu finden.

● 単　語

unangenehm	不愉快な	**versprechen**	約束する
vor|stellen	紹介する	**Satz**	男 —es / ⸚e 文
Wörterbuch	中 —[e]s / …bücher 辞書	**benutzen**	使用〈利用〉する
Bibliothek	女 — / —en 図書館	**Seminar**	中 —s / —e ゼミナール
bereuen	後悔する	**gelingen**	成功する
treffen	会う，出会う	**sonst**	いつもは，ふだんは

B ドイツ語に訳しなさい。

1. 古い友人たちに再会する（wieder\|sehen）ことはすばらしい（schön）。
2. われわれは家を建てる（bauen）計画（Plan 男）を持っている。
3. 彼は新聞を買うために売店（Kiosk 男）へ（zu）行った。

解　答

A 1. 長く待たなければならないことは不愉快です。
2. 彼は私を彼の姉〈妹〉に紹介することを私に約束しました。
3. 誰も他人あての手紙を読む権利を持ちません。
4. あなたを助けるために，私は最善をつくしましょう。
5. あなたは辞書を使わずにこの文を訳すことができますか。
6. 彼女はゼミナールに参加する代りに図書館で読書します。
7. 君は僕と結婚したことをもう後悔しているのですか。
8. 私はきのうあなたのお父さんに会うことに成功しました。あなたのお父さんはいつもは見つけにくいのです。

B 1. Es ist schön, alte Freunde wiederzusehen.
2. Wir haben den Plan, ein Haus zu bauen.
3. Er ging zum Kiosk, um eine Zeitung zu kaufen.

名詞の性の見分け方（10）

●国名・地名は大部分中性

Deutschland　ドイツ
　ドイチュラント
Frankreich　フランス
　フランクライヒ
England　英国
　エングラント
Berlin　ベルリン
　ベルリーン

Japan　日本
　ヤーパン
China　中国
　ヒーナ
Italien　イタリア
　イターリエン
Tokyo〈Tokio〉東京

これらは無冠詞で用います。ただし形容詞等の規定があると定冠詞をつけます。
　例　das schöne Deutschland　美しいドイツ

中性以外の国名も少数ありますが，それらは原則として定冠詞をつけます。

[der] Irak　イラク
　イラーク
die Schweiz　[女] スイス
　シュヴァイツ
die USA　[複] アメリカ合衆国
　ウーエスアー

[der] Iran　イラン
　イラーン
die Niederlande　[複] オランダ
　ニーダーランデ

Lektion 18 (achtzehn)

レクツィオーン　　　　　アハツェーン

再帰動詞

> Ich **erkälte mich** leicht, wenn das Wetter **sich ändert**.
> エアケルテ　　　　ライヒト　　　　　　　　　　　　　ズィヒ　　エンダート
>
> 天候が変わると，私は風邪をひきやすい。

逐語訳　das Wetter 天候が　sich ändert 変わる　wenn とき　ich 私は　leicht 容易に　mich erkälte （＜sich⁴ erkälten) 風邪をひく。

§1 再帰代名詞

　一つの文の中で主語と同じものを表す代名詞を再帰代名詞といいます。3人称（および敬称2人称）の3格・4格に sich [ズィヒ] という特別な形がある他は人称代名詞と同形です。

主語	ich	du	er, sie, es	wir	ihr	sie, Sie
3格	mir	dir	**sich**	uns	euch	**sich**
4格	mich	dich	**sich**	uns	euch	**sich**

◘ 敬称2人称 Sie に対する再帰代名詞は大文字で書きません。

①Ich wasche **mich**.　　　私は（自分の）体を洗う。
　　　ヴァッシェ

②Er wäscht **ihn**.　　　　彼はその人を洗う。(er と ihn は別人）
　　　ヴェシュト

③Er wäscht **sich**.　　　　彼は（自分の）体を洗う。(er と sich は同一人）

　3人称だけに sich という特別な形が必要な理由は上の例文によって理解されるでしょう。

　①の ich と mich は同一人ですが，②の er と ihn は別人です。話者にとって「私」は世界でたった一人ですが，「彼」は無数に存在するので，主語の「彼」と目的語の「彼」が同一人であるためには，ihn でなく，sich という形が必要なのです。

§2 再帰動詞

再帰代名詞を伴って一つのまとまった意味を表す動詞を再帰動詞といいます。4格の再帰代名詞を伴うもの（**4格再帰動詞**）が多いのですが，3格の再帰代名詞を伴うもの（**3格再帰動詞**）も少数あります。

❶ 4格再帰動詞

他動詞（*t.*）		再帰動詞（*refl.*）	
ändern <small>エンダーン</small>	変える	sich⁴ ändern	変わる
setzen <small>ゼッツェン</small>	据える	sich⁴ setzen	座る
freuen <small>フロイエン</small>	喜ばす	sich⁴ freuen	喜ぶ
erkälten <small>エアケルテン</small>	冷やす	sich⁴ erkälten	風邪をひく
*j*⁴ an *j*⁴ ⟨*et*⁴⟩ erinnern <small>エアインナーン</small>		sich⁴ an *j*⁴ ⟨*et*⁴⟩ erinnern	
ある人にある人⟨物⟩を思い出させる		ある人⟨物⟩を思い出す，覚えている	

これらの再帰動詞の4格の sich は，たいてい他動詞である基礎動詞を自動詞的意味に変える働きを持っています。念のため人称変化を示します。

sich⁴ ändern 変わる
<small>ズィヒ　エンダーン</small>

ich ändere mich <small>エンデレ</small>	wir ändern uns
du änderst dich <small>エンダースト</small>	ihr ändert euch
er ändert sich <small>エンダート</small>	sie ändern sich
Sie ändern sich	

Die Kinder **freuen sich**, wenn der Großvater kommt.
<small>　　　　　　　フロイエン　　　　　　　　　　グロースファーター</small>

おじいさんが来ると，子供たちが喜ぶ。

Wir **erinnern uns** noch gut an den Tag.
<small>　　エアインナーン</small>

私たちはまだその日をよく覚えている。

❷ 3格再帰動詞

erlauben エアラオベン	許す	sich³ erlauben	（勝手なことを）あえてする
merken メルケン	古義：記す	sich³ merken	覚えておく
helfen	助ける	sich³ helfen	切り抜ける
schmeicheln シュマイヒェルン	こびる	sich³ schmeicheln	うぬぼれる

sich³ erlauben（勝手なことを）あえてする
エアラオベン

> ich erlaube mir　　wir erlauben uns
> du erlaubst dir　　ihr erlaubt euch
> er erlaubt sich　　sie erlauben sich
> 　　　Sie erlauben sich

　これらの再帰動詞の多くは3格の sich のほかに4格の目的語またはそれに相当する zu 不定詞［句］を伴います。

Ich kann mir seinen Namen nicht merken.
　　　　　　　　　　　　　　　　　　メルケン

　　私は彼の名前を覚えることができない。

Sie bildet sich ein, schön zu sein.

　　彼女は美人だとうぬぼれている。

Wir haben uns erlaubt, etwas früher zu kommen.
　　　　　　エアラオプト　　　　　　　フリューアー

　　私たちは勝手ながら少し早く来ました。

📖 辞書のひきかた

　再帰動詞は，そのもとになる動詞の用例の終りの方に 再 （または *refl.*）の記号のもとにのっています。

setzen [zétsən] Ⅰ 他 （または *t.*）座らせる，据える…… Ⅱ 再 （または *refl.*）sich⁴ ～　座る，腰をおろす……
（*refl.* は Reflexiv 再帰動詞の略）
3格の sich を伴う再帰動詞は 再 などの記号がついていないこともあります。
erlauben [ɛrláʊbən] 他 （または *t.*）許す…… sich³ ～ あえてする……

§3 再帰代名詞の位置

❶ 定動詞正置の場合

再帰代名詞は定動詞の次に置かれます。

Der Vater setzte **sich** auf die Bank.
_{ゼツテ}
父はベンチに座った。

❷ 定動詞倒置の場合

主語が人称代名詞か man ならば再帰代名詞は主語の次に置かれますが，主語がそれ以外の代名詞か名詞の場合は再帰代名詞は主語の前に置かれます。

Wohin setzt er **sich**?
_{ヴォヒン}
彼はどこに座るのですか。

Wohin setzt **sich** der Vater?
父はどこに座るのですか。

❸ 定動詞後置の場合

主語が名詞の場合再帰代名詞が主語の前に置かれることがあります。

Ich erkälte mich leicht, { wenn das Wetter **sich** ändert.
{ wenn **sich** das Wetter ändert.
天候が変わると，私は風邪をひきやすい。

▷ 人称代名詞も定動詞倒置・後置の場合再帰代名詞と同様主語の前に置かれることがあります。

§4 相互代名詞の sich

主語が複数（または man など複数的意味を持つ語）の場合 sich, uns, euch は「互いに」の意味になることがあります。

Diese Leute hassen **sich**.
_{ロイテ}
この人びとは憎み合っている。

Wenn man **sich** begegnet, grüßt man **sich**.
_{ベゲーグネット　グリュースト}
人は（互いに）会うと，あいさつをかわす。

Wir kennen **uns** schon lange.
私たちはずっと以前から知り合いです。

142

sich がなぜ「自分自身」と「互いに」の二つの意味を持つかの理由は次の図で理解できるでしょう。

```
A ──→ A              A    A
              自分自身を      ✕        互いに
B ──→ B              B    B
```

A, B 2人がいて、A が A を、そして B が B を愛すれば「自分自身を愛する」ことになり、これに反して A が B を、B が A を愛すれば「互いに愛する」ことになるわけです。

なお、「自分自身」か「互いに」か分かりにくい場合には、前者ならば selbst を添え、後者ならば einander を用いるか gegenseitig を添えます。

Diese Leute lieben nur **sich selbst**.
ゼルプスト

この人びとは自分だけを愛しています。

Diese Leute lieben { **einander**.（文語的）
アイナンダー
sich gegenseitig.
ゲーゲンザイティヒ }

この人びとは互いに愛し合っています。

§5 その他の再帰的表現

❶ 所有の3格

Der Junge putzt **sich**³ die Zähne.
プット　　　　　　ツェーネ

少年は歯を磨く。(sich³ die Zähne「自分に歯を」= seine Zähne「自分の歯を」。sich は歯が自分の体の一部であることを示します。)

❷ 獲得の3格

Gestern habe ich **mir** ein Wörterbuch gekauft.
ゲスターン　　　　　　　　ヴェルターブーフ

きのう私は辞書を買いました。(mir は他人のためでなく「自分のために」の意味ですが、訳す必要はありません。)

❸ 受動的表現

Die Geschichte **wiederholt sich**.
ゲシヒテ　　　ヴィーダーホールト

歴史は繰り返される。

Der Schlüssel **findet sich** nirgends.
シュリュッセル　　　　　　　　　　　ニルゲンツ
かぎがどこにも見つからない。

lassen を添えると，たいてい「…されうる」の意になります。

Das **lässt sich** nicht **beweisen**.
　　　レスト　　　　　　　ベヴァイゼン
それは証明されえない。

❹ 前置詞＋ sich

sich が前置詞を伴って熟語をつくる場合があります。

Ich habe kein Geld **bei mir**.
私はお金の持ち合わせがない。(bei sich³「手もとに」)

Diese Krankheit **bringt** hohes Fieber **mit sich**.
この病気は高い熱を伴う。(et⁴ mit sich³ bringen「ある物を伴う」)

Er **war** vor Freude **außer sich**.
　　　　　　フォーア　フロイデ　　アオサー
彼は喜びのあまりわれを忘れていた。(vor Freude「喜びのあまり」；außer sich³ sein「われを忘れている」)

Übung

A 日本語に訳しなさい。

1. Als wir uns vor die Tür stellten, öffnete sie sich von selbst.
   　　　　　　　　　　　　　　　　　　　エフネテ　　　　　　　　　　ゼルプスト

2. Du siehst hässlich aus, wenn du dich ärgerst.
   　　　　　　ヘスリヒ　　　　　　　　　　エルガースト

3. Ich erlaube mir, an Sie zu schreiben, ohne Sie persönlich zu kennen.
   　　　　　　　　　　　　　　　　　　　　　　　　　　ペルゼーンリヒ

4. Wenn man lange im Ausland lebt, sehnt man sich nach seiner Heimat.
   　　　　　　　　　　　　　　　　　　ゼーント　　　　　　　　　　　　　　　ハイマート

5. Irgendwann werden wir uns wiedersehen.
   イルゲントヴァン　　　　　　　　　　ヴィーダーゼーエン

6. Ich setzte mich an einen freien Tisch und bestellte mir eine Tasse Kaffee.
   　　　　　　　　　　　　　　　フライエン

7. Dieser Satz lässt sich schwer ins Japanische übersetzen.
   　　　　ザッツ　レスト　　　　　　　　　　　ヤパーニッシェ　ユーバーゼッツェン

8. Wenn du so viel trinkst, wirst du dir die Gesundheit verderben.
   <small>ゲズントハイト　フェアデルベン</small>

● 単 語

sich⁴ stellen	（ある場所に）立つ	von selbst	ひとりでに
sich⁴ öffnen	開く	hässlich	醜い
sich⁴ ärgern	腹を立てる	persönlich	個人的な
sich⁴ nach et³ sehnen	ある物にあこがれる		
Heimat	女 —/—en 故郷，故国	irgendwann	いつか
bestellen	注文する	verderben	だめにする

B　ドイツ語に訳しなさい。

1. 私はテーブルにつく前に（bevor），（自分の）手（Hand 女 —/–̈e）を洗います（waschen）。
2. 資本主義（Kapitalismus 男）は最初（zuerst）英国（England 中 無冠詞）で発展しま（sich⁴ entwickeln）した。
3. 愛し合っているとき（man を主語に），人生は一番美しい。

解 答

A 1. 私たちがドアの前に立つと，ドアがひとりでに開いた。
　 2. おまえは怒ると，醜い顔になる。
　 3. 私は，あなたを個人的に存じ上げませんが，あえてお手紙差し上げます。
　 4. 長く外国で暮していると，故国〈故郷〉を恋しく思います。
　 5. いつか私たちは再会するでしょう。
　 6. 私は空いている席に腰をおろして，1杯のコーヒーを注文しました。
　 7. この文は日本語に訳しにくい。
　 8. そんなに沢山飲むと，君は健康を害するでしょう。

B 1. Ich wasche mir die Hände, bevor ich mich an den Tisch setze.
　 2. Der Kapitalismus entwickelte sich zuerst in England.
　 3. Das Leben ist am schönsten, wenn man sich liebt.

Lektion 19 (neunzehn)

非人称

> Hier **regnet es** viel. **Es gibt** auch manchmal einen Sturm. ここは雨が多く降ります。時々暴風雨もあります。

[逐語訳] hier ここは   viel 多く   es regnet 雨が降る。   manchmal 時々   einen Sturm 暴風雨   auch も   es gibt ある。

§1 非人称動詞

意味のない es を主語とし，3人称単数形だけで用いられる動詞を非人称動詞といいます。自然現象を表すものと，生理現象・心理現象を表すものに大別されます。

❶ 自然現象を表す非人称動詞

Es regnet.	雨が降る。	Es schneit.	雪が降る。
Es donnert.	雷鳴がする。	Es blitzt.	稲光りがする。
Es dunkelt.	暗くなる。	Es tagt.	夜が明ける。
Es friert.	氷が張る。	Es hagelt.	あられが降る。

これら自然現象を表す es は省略されることはありません。また完了の助動詞は haben を用います。

　　　Gestern **hat es** den ganzen Tag **geschneit**.
　　　　きのうは一日中雪が降りました。

以上のような本来の非人称動詞のほか sein や werden も非人称動詞として用いられ，天候・時間・距離などを表します。

146

Es ist kalt ⟨warm / heiß / kühl⟩. 寒い⟨暖かい／暑い／涼しい⟩。
ヴァルム　ハイス　キュール

Es wird dunkel ⟨hell⟩. 暗く⟨明るく⟩なる。

Wie spät ist es? — Es ist drei [Uhr].
ヴィー シュペート　　　　　　　　ドライ　ウーア
何時ですか。— 3時です。（spät「おそい」）

Wie weit ist es von hier bis zum Bahnhof?
　　　ヴァイト　　　　　　　　　　　　バーンホーフ
ここから駅までどのくらいありますか。（weit「遠い」「離れた」）

❷ 心理現象・生理現象を表す非人称動詞

この場合そのような現象が起こる人間は4格または3格によって表されます。その際4格や3格は好んで文頭に置かれますが，そうすると非人称主語 es は省略されて一見主語のない文になります。

Es hungert mich.
フンガート
Mich hungert.
｝（古風）→ Ich habe Hunger.　私は空腹である。

Es schwindelt mir.
シュヴィンデルト
Mir schwindelt.
｝私はめまいがする。

Es ekelt mir.
エーケルト
Mir ekelt.
｝私は吐き気がする。

Es ist mir kalt ⟨schlecht⟩.
シュレヒト
Mir ist kalt ⟨schlecht⟩.
｝私は寒い⟨気分が悪い⟩

§2 es gibt ＋ 4 格

非人称動詞には熟語の形をとるものが沢山あります。そのうち最も重要なものが es gibt et[4]「ある物が存在する」です。存在するものは1格でなく4格で表されますので，複数のものの存在を述べるときでも es gibt のままで用い，gibt を geben に変えてはいけません。

　es gibt ... は直訳すれば「それが…を与える」ですが，es を宇宙をつかさどる神とか大自然とか考えれば，あとの名詞が4格になる理由が理解できるでしょう。

Es gibt viele Berufe.
ギープト フィーレ ベルーフェ
沢山の職業があります。

Damals **gab es** noch keine Flugzeuge.
ダーマールス ガープ フルークツォイゲ
当時はまだ飛行機はありませんでした。

Gibt es in Deutschland Wölfe?
ヴェルフェ
ドイツにはオオカミがいますか。

Was **gibt's** heute Abend im Fernsehen?
ギープツ フェルンゼーエン
今晩テレビで何がありますか。(gibt's (会話調) ＜ gibt es)

英語の there is ... とか there are ... に相当する場合が多いのですが，es gibt は原則として一般的な存在とか広い場所での存在を表すときに用い，限られた狭い場所での存在には es ist ＋1格, es sind ＋1格（複数の場合）を用います。この es は§5の文法上の主語です。

Es ist ein Apfel auf dem Tisch.
テーブルの上にリンゴが1個ある。

Es sind dreißig Schüler in der Klasse.
ドライスィヒ
そのクラスには30人の生徒がいる。

§3 その他の非人称熟語

❶ **es geht** j^3 ... 「ある人は…の状態である」

Wie **geht es** Ihnen? — Danke, [mir **geht es**] sehr gut. Und Ihnen?
ご機嫌いかがですか。 —ありがとう，大変元気です。で，あなたは。

❷ **es handelt sich**^{4} **um** et^4.「ある物が問題である」

Es handelt sich um deine Zukunft.
ツークンフト
君の将来の問題なのです。

❸ **es kommt auf** et^4 **an**「ある物が重要である」

Beim Heiraten **kommt es** mehr **auf** das Herz als auf das Gesicht **an**.
ハイラーテン ヘルツ ゲズィヒト
結婚する場合には顔より心の方が大事だ。(Heiraten 中 は不定詞 heiraten「結婚する」を名詞化したもの。)

> 📖 **辞書のひきかた**
>
> 非人称動詞も不定詞が見出し語になっています。
> **regnen** [réːgnən] 非人称 (または *imp.*) 雨が降る
> *imp.* は非人称動詞 (Impersonale) の略です。非人称熟語 es gibt *et⁴* や es handelt sich um *et⁴* 等はそれぞれ geben, handeln の項目のかなりあとの方にのっています。

§4 人称動詞の非人称化

非人称動詞でないふつうの動詞であっても，動作の主体を考えず，動作だけを単なる現象としてとらえる場合には，明確な主語を避けて，es を主語として非人称的に表現することがあります。

Es klopft an der 〈die〉 Tür. Wer mag es sein?
　　　クロプフト　　　　　　　　　　　マーク
戸をたたく音がする。誰だろう。

Es brennt in der Stadt.
　　　　　　　　　シュタット
町で火事だ。

§5 文法上の主語

意味のない es を文法上の主語として文頭に置き，実際上の主語をあとに置く構文があります。これによって多少改まった語調になります。なお，定動詞の単・複は実際上の主語によって決まります。

Es war einmal ein König.
　　　　アインマール　ケーニヒ
むかし王様がいました。(einmal「かつて」，Es war einmal は童話の冒頭の決まり文句。)

Es führen viele Wege nach Rom.
　　　フューレン　　　　　　　ローム
多くの道がローマに通じている。

§6 その他の es の用法

❶ 代理主語・代理目的語

副文または zu 不定詞句を前もって示すのに es が用いられます。英語の *it ... that*, *it ... to* などにあたる用法です。

Es gefällt mir nicht, **dass** du immer vor dem Fernseher sitzt.
おまえがいつもテレビの前に座っていることが私の気に入らない。

Es ist noch nicht gewiss, **ob** er morgen kommt.
彼があす来るかどうか，まだ確かではありません。

Ich finde **es** schön, **dass** Studenten lange Ferien haben.
大学生たちに長い休暇があることを私は素晴しいと思う。

Es freut mich sehr, Sie **zu** sehen.
あなたに会えて私は大変うれしい。

❷ 不定目的語の es

非人称主語 es が4格になったようなものとお考え下さい。英語の *take it easy*「気楽にやる」などの *it* と同じです。

Er hat **es** [bis] zum Professor gebracht.
彼は教授にまでこぎつけた。(es [bis] zu *et*³ bringen「あることにまでこぎつける」)

Wir haben **es** schwer.
私たちは生活が苦しい。

❸ 紹介の es

「それは…である」と紹介する場合には述語の性・数にかかわらず es または das を用います。

Wer singt dort? — **Es** 〈**Das**〉 ist meine Tochter.
あそこで歌っているのは誰ですか。—あれは私の娘です。

❹ 述語の es

述語の名詞や形容詞の代りに用います。

Er ist Student 〈arm〉. Ich bin **es** auch.
彼は大学生です〈貧しい〉。私もそうです。

Übung

A 日本語に訳しなさい。

1. Man freut sich, wenn es zu Weihnachten schneit.
2. Ist Ihnen schlecht? — Nein, mir ist nur ein wenig kalt.
3. In Hawaii ist es immer warm. Dort gibt es keinen Winter.
4. Das Alte stürzt. Es ändert sich die Zeit.
5. Wie geht es Ihrem kranken Vater? — Danke, ihm geht es etwas besser.
6. Es handelt sich nicht um das Geld, sondern um die Ehre.
7. Als ich ein Kind war, gab es noch kein Fernsehen.
8. Das Telefon klingelt, es meldet sich aber niemand.

● 単 語

Weihnachten	中 —s / — クリスマス	**ein wenig**	少し
stürzen	崩壊する	**Ehre**	女 — / —n 名誉
klingeln	(ベルが) 鳴る	**sich⁴ melden**	申し出る, (電話に) 出る

B ドイツ語に訳しなさい。

1. 雷鳴がする前に, 稲光りがします。
2. 日本では至る所に (überall) 自動販売機 (Automat 男 —en / —en) があります。
3. 私はとても寒い。あなた (敬称) は寒くはありませんか。

151

解 答

A 1. クリスマスに雪が降ると，人びとが喜びます。
2. あなたは気分が悪いのですか。— いいえ，私は少し寒いだけです。
3. ハワイではいつも暖かい。そこには冬がありません。
4. 古いものは崩壊します。時代が変わるのです。
5. あなたの病気のお父さんはいかがですか。— ありがとう，いくらかよろしいです。
6. お金の問題でなく，名誉の問題なのです。
7. 私が子供の頃には，まだテレビがありませんでした。
8. 電話が鳴っています。しかし誰も出ません。

B 1. Es blitzt, bevor es donnert.
2. In Japan gibt es überall Automaten.
3. Mir ist sehr kalt. Ist Ihnen nicht kalt?

名詞の性の見分け方（11）

● **–heit, –keit, –schaft, –ung, –ei は女性**

これらの語尾を持つ語はたいてい抽象名詞です。

die Freiheit　自由
　フライハイト
die Krankheit　病気
　クランクハイト
die Einsamkeit　孤独
　アインザームカイト
die Fähigkeit　能力
　フェーイヒカイト
die Freundschaft　友情
　フロイントシャフト
die Wissenschaft　科学
　ヴィッセンシャフト
die Hoffnung　希望
　ホフヌング
die Wohnung　住居
　ヴォーヌング
die Bäckerei　パン店〈工場〉
　ベッケライ
die Träumerei　夢想
　トロイメライ

● **–ie, –ik, –ion, –tät, –ur は女性**

これらの語尾を持つものも抽象名詞が多いのですが，すべてギリシャ・ラテン語系の外来語です。

die Philosophie　哲学
　フィロゾフィー
die Familie　家族
　ファミーリエ
die Politik　政治
　ポリティーク
die Nation　国民
　ナツィオーン
die Universität　大学
　ウニヴェルズィテート
die Natur　自然
　ナトゥーア

Lektion 20 (zwanzig)
レクツィオーン　　ツヴァンツィヒ

接続詞

> **Solange** ein Lehrer keinen Spitznamen hat, ist er
> ゾランゲ　　　　　レーラー　　　　　シュピッツナーメン
> noch kein echter Lehrer.
> ノホ　　　　　エヒター
>
> 教師にあだ名がないうちは，まだ本当の教師とはいえない。

逐語訳 ein Lehrer 教師が　Spitznamen あだ名を　hat 持た　keinen ない　solange 間は　er 彼は　noch まだ　echter 本当の　Lehrer 教師で　ist ... kein ない。

§1 接続詞の種類

接続詞は，文と文を結ぶ場合に後続文の定動詞の位置に及ぼす影響という点から，次の3種類に大別されます。

❶ 並列接続詞　　Er kam nicht, **denn** er *war* krank.
　　　　　　　　（定動詞の位置に影響なし）
　　　　　　　　彼は来なかった。というのは彼は病気だったのです。

❷ 副詞的接続詞　Er war krank, **deswegen** *kam* er nicht.
　　　　　　　　　　　　　　　　デスヴェーゲン
　　　　　　　　（定動詞倒置）
　　　　　　　　彼は病気だった。それゆえ彼は来なかった。

❸ 従属接続詞　　Er kam nicht, **weil** er krank *war*.
　　　　　　　　　　　　　　　　ヴァイル
　　　　　　　　（定動詞後置）
　　　　　　　　彼は病気だったので，来なかった。

§2 並列接続詞

文と文を対等に結合するもので，後続文の定動詞には何の影響も及ぼしません。並列接続詞は文の要素ではなく，いわばコンマ (,) かセミコロン (;) を文字にしたようなものだからです。

> **aber** しかし　　**allein** しかしながら　　**denn** というのは
> 　　　　　　　　　アライン
> **oder** あるいは　（**nicht ...**）**sondern**（…ではなく）て　**und** そして
> オーダー　　　　　　　　　　　ゾンダーン

Der Winter geht **und** der Frühling kommt wieder.
　　　　　　　　　　　　　フリューリング

冬が去り，そして春が再びやって来る。

▷ 新正書法では und の前には原則としてコンマを打ちません。

Karl geht ins Kino, **aber** Peter bleibt zu Hause.

カルルは映画を見に行く，しかしペーターは家にとどまる。

Ich ging nicht zu ihm, **sondern** er kam zu mir.
　　　　　　　　　　　　ゾンダーン

私が彼のところへ行ったのではなくて，彼が私のところへ来ました。

▷ 語と語，句と句を接続するのにも用います。

Ich lerne Deutsch **und** Englisch.
私はドイツ語と英語を学ぶ。

Wir fahren nicht ins Gebirge, **sondern** an die See.
われわれは山へではなく海辺へ行く。

▷ aber は文中に置かれることもあります。∧印の箇所にはどこへでも aber を入れることができます。

Karl geht ins Kino, Peter bleibt zu Hause.
　　　∧　　　　　∧　　　　∧

§3 副詞的接続詞

副詞から転用された並列接続詞なので，文頭にあるとき動詞はその直後に置かれます。この種の接続詞はきわめて数多くありますが，代表的なものは次のとおりです。

> **also** それゆえ　　**daher** それゆえ　　**dann** それから
> アルゾ　　　　　　　ダヘーア
> **deshalb** それゆえ　**deswegen** それゆえ　**doch** しかし
> デスハルプ　　　　　　デスヴェーゲン　　　　　ドホ
> **jedoch** けれども　**sonst** さもないと　**trotzdem** それにもかかわらず　etc.
> イェードホ　　　　　ゾンスト　　　　　　トロッツデーム

Ich denke, **also** bin ich. (Descartes)
　　　　　　アルゾ　　　　　　　　　デカルト
　われ思う，ゆえにわれあり。

Zuerst arbeiten wir, **dann** gehen wir schwimmen.
ツエーアスト　　　　　　　　　　　　　　シュヴィンメン
　まずわれわれは仕事をし，それから泳ぎに行きます。(gehen は zu のない不定詞とともに「…しに行く」の意味に用いられます。)

Sie ist krank, **trotzdem** will sie in die Schule gehen.
　　　　　　　　トロッツデーム
　彼女は病気ですが，それにもかかわらず彼女は学校へ行くつもりです。

Er war arm, **doch** war er immer zufrieden.
　　　　　　　ドホ　　　　　　　　　ツフリーデン
　彼は貧しかったが，しかし彼はいつも満足していた。

◆ doch は後続文の定動詞の位置に影響を与えないこともあります。

§4 従属接続詞

　副文を主文に結びつける接続詞です。したがって，この接続詞に導かれる文は定動詞後置になります。従属接続詞のおもなものは次のとおりです。

als …したとき	**bevor** …する前に ベフォーア
bis …するまで[に]	**da** …なので
damit …するために ダミット	**dass** …ということ
ehe …する前に エーエ	**indem** …することによって インデーム
nachdem …したのちに ナーハデーム	**ob** …かどうか オプ
obgleich …にもかかわらず オプグライヒ	**obwohl** …にもかかわらず オプヴォール
seit …して以来 ザイト	**sobald** …するやいなや ゾバルト
solange …する間は，…するかぎりは ゾランゲ	
während …する間，…なのに ヴェーレント	**weil** …だから ヴァイル
wenn [もし]…ならば，…する〈した〉ときは[いつも] ヴェン	
wenn auch …ではあるが ヴェン　アオホ	**wie** …のように ヴィー　　　　　　　　*etc.*

Ich sehe meinen Wagen nach, **bevor** 〈**ehe**〉 ich abfahre.
ゼーエ　　　　　　　　　ナーハ　ベフォーア　エーエ　　　　　アプファーレ

私は出発する前に，私の車を点検します。(nach I sehen「調べる」)

Man lernt am besten, **indem** man lehrt.
　　　　　　　　　　　インデーム

教えることによって人は最もよく学ぶ。

Obwohl 〈**Obgleich**〉 es stark regnete, ging er angeln.
オプヴォール　　オプグライヒ

激しく雨が降っていたけれども，彼は釣りに行った。

Wir machen Hausaufgaben, **während** ihr draußen spielt.
　　　　　　　ハオスアオフガーベン　　　　ヴェーレント　　　　ドラオセン

君たちが外で遊んでいる間，僕たちは宿題をする。

> 📖 **辞書のひきかた**
>
> und [ʊnt] 接（または *conj.*）（並列）　そして，…と
> dass [das] 接（または *conj.*）（従属）　…ということ
> 副詞的接続詞はふつう副または *adv.* とだけ記されています。*adv.* は副詞（Adverb），*conj.* は接続詞（Konjunktion）の略です。

§5 従属接続詞についての注意

❶ 副文の位置

副文は主文のあとにも前にも，また主文の中にも置くことができます。

Er wurde sehr zornig, **als er es hörte**.
　　　　　　　　　　ツォルニヒ

Als er es hörte, wurde er sehr zornig.

Er wurde, **als er es hörte**, sehr zornig.

彼はそれを聞いたとき非常に怒った。

❷ 時を表す als と wenn

als は過去の一回だけの出来事を表し，wenn は過去に関する場合は繰り返された出来事を表します。wenn は現在や未来のことについても用いますが，als は過去のことについてだけ用います。

Als ich an jenem Morgen zur Schule ging, begegnete ich dem
　　　　　　　　　　　　　　　　　　　　　　　　ベゲーグネテ
Milchmann.
ミルヒマン

あの朝学校へ行くとき，私は牛乳屋に出会った。

Wenn ich morgens zur Schule ging, begegnete ich immer dem Milchmann.
　朝学校へ行くとき，私はいつも牛乳屋に出会った。

❸ 理由を表す weil と da

　weil（英 *because*）は聞き手にとって未知と思われる理由を表し，da（英 *since*）は聞き手にとって既知と思われる理由を表すのが原則です。weil の副文は主文よりあとに置かれることが多く，da の副文は多くの場合主文の前に置かれます。

Gestern ging ich nicht in die Schule, **weil** ich Kopfschmerzen hatte.
　　　　　　　　　　　　　　　　　　　　　　　　　コップフシュメルツェン
　頭痛がしたので，きのう私は学校へ行かなかった。

Da es vorgestern schönes Wetter war, machten wir einen Ausflug.
　　　フォーアゲスターン　　　　　　　　　　　　　　　　　　アオスフルーク
　一昨日は天気がよかったので，私たちは遠足をしました。

🔹 da は従属接続詞としての用法のほかに，「そこに」「そこで」の意味に用いられることもあり，その場合は副詞ですから，定動詞はその直後に置かれます。da が文頭にあるときは，定動詞の位置を確かめることが必要です。

🔹 並列接続詞 denn「…というのは」（英 *for*）は先行の文を発言する理由を述べます。
Ich blieb zu Hause, **denn** das Wetter war schlecht.
　私は家にとどまりました。なにしろ天気が悪かったので。

❹ 副文の主文化

　主文と副文の関係が意味上逆になっている場合があります。

Ich wollte **eben** ausgehen, **als** sie mich anrief.
　　　　　　エーベン
　私がちょうど出かけようとしたとき，彼女から電話がかかった。（eben 〜, als ...「ちょうど〜したとき…」）

Kaum hatte er sich hingelegt, **als** er schon einschlief.
　　　　　　　　　　　ヒンゲレークト
　横になるかならないうちに，彼はもう眠り込んだ。（kaum 〜, als ...「〜するやいなや…」，sich[4] hinlegen「横になる」）

❺ wenn に代る定動詞第1位

　「…ならば」の意味の wenn の代りに定動詞を文頭に置くことがあります。その場合後続する主文のはじめに so または dann を置くのがふつうです。

Hast du kein Geld, *so* ⟨*dann*⟩ leihe ich dir etwas.
= Wenn du kein Geld hast, leihe ich dir etwas.
　君はお金がないのなら，少し貸してあげるよ。

◘ この形式は疑問文から来たものです。
　Hast du kein Geld? So ...　君はお金がないのか，それなら…

§6 対照的接続詞

相関的に用いて語句と語句，文と文を対照的に結ぶ接続詞です。

> **bald ..., bald ...** あるときは…，あるときは…
> バルト
> **entweder ... oder ...** …か…かのどちらか
> エントヴェーダー
> **weder ... noch ...** …も…もない
> ヴェーダー　　ノホ
> **nicht nur ..., sondern auch ...** …だけでなく…も
> 　　　　　　　ゾンダーン　アオホ
> **sowohl ... als auch ...** …も…も
> ゾヴォール
> **teils ..., teils ...** 一部は…一部は…
> タイルス
> **zwar ..., aber ...** たしかに…であるが，しかし…　　*etc.*
> ツヴァール

あとに文が来る場合の定動詞の位置はこれらの接続詞を構成している語によって決まります。たとえば bald は副詞ですから定動詞はその直後，aber は並列接続詞ですから後続文の定動詞の位置に影響はありません。

Bald malt er ein Bild, **bald** spielt er Klavier.
　　　マールト　　　　　　　　　シュピールト　クラヴィーア
　彼は絵を描いたり，ピアノを弾いたりしている。

Entweder fliege ich, **oder** ich fahre mit dem Nachtzug.
エントヴェーダー　フリーゲ　　　　　　　　　　　　　　　　ナハトツーク
　私は飛行機で行くか，夜行列車で行きます。

Ich bin **weder** schön **noch** jung.
　　　　ヴェーダー　シェーン　ノホ
　私は美人でもないし，若くもありません。

Nicht nur die Studenten, **sondern auch** die Professoren freuen
sich auf die Ferien.

学生たちだけでなく，教授たちも休暇を楽しみにしている。(sich⁴ auf et⁴ freuen「ある事を楽しみにする」)

Zwar sind diese Möbel schön, **aber** sie sind zu teuer.

たしかにこれらの家具は美しいが，しかし高価すぎる。

Übung

A 日本語に訳しなさい。

1. Sie schwieg nur, als er ihr seine Liebe gestand.
2. Ich gehe heute früh ins Bett, damit ich morgen mit dem ersten Zug abreisen kann.
3. Der Mensch ist dem Menschen bald ein Freund, bald ein Feind.
4. Entweder heirate ich dich oder keine*.
5. Übersetzungen gleichen den Frauen; sind sie treu, so sind sie nicht schön, und sind sie schön, so sind sie nicht treu. (Bertrand)
6. Ich wollte eben die Tür öffnen, als sie sich von selbst öffnete.
7. Während es am Sonntag regnete, schien am Montag die Sonne.
8. Wir lernen aus Erfahrung, dass die Menschen nichts aus Erfahrung lernen. (Bernard Shaw)

▶ keine「誰（女性）も…ない」，男性ならば keinen になります。

● 単 語

schweigen　黙［ってい］る　　　**gestehen**　告白する

erst	最初の	**ab|reisen**	旅立つ
Übersetzung	囡 —/—en 翻訳	**gleichen**	同じである
treu	忠実な	**eben**	まさに、ちょうど
sich⁴ öffnen	開く	**Montag**	男 —[e]s/—e 月曜日
Sonne	囡 —/—n 太陽	**scheinen**	照る
Erfahrung	囡 —/—en 経験	**sparen**	節約する

B a, b 2文をカッコ内の接続詞を用いて結合し，3通りの文をつくりなさい。

1. a. Er hat Fieber. b. Er arbeitet draußen. (aber, doch, obwohl)
2. a. Wir müssen sparen. b. Wir wollen ein Haus bauen. (denn, deswegen, weil)

解　答

A 1. 彼が彼女に愛を告白したとき，彼女はただ黙っていました。
   2. 私はあす一番列車で旅立つことができるように，きょうは早く床につきます。
   3. 人間は人間にとって味方になったり，敵になったりする。
   4. 僕は君と結婚するか，でなければ誰とも結婚しません。
   5. 翻訳は女性と同じだ。忠実であれば美しくなく，美しければ忠実でない。
   6. 私がまさにドアを開けようとしたとき，それはひとりでに開いた。
   7. 日曜日には雨が降っていたのに，月曜日は日が照っていた。
   8. 人間が経験から何も学ばないということを，われわれは経験から学ぶ。

B 1. Er hat Fieber, aber er arbeitet draußen.
     彼は熱があるが，そとで働いている。
     Er hat Fieber, doch arbeitet er draußen.
     彼は熱がある。しかし彼はそとで働いている。
     Er arbeitet draußen, obwohl er Fieber hat.
     彼は熱があるにもかかわらず，そとで働いている。
   2. Wir müssen sparen, denn wir wollen ein Haus bauen.
     私たちはは節約しなければならない。というのは，私たちは家を建てようと思っているからです。
     Wir wollen ein Haus bauen, deswegen müssen wir sparen.
     私たちは家を建てようと思っている。それゆえ私たちは節約しなければならない。
     Wir müssen sparen, weil wir ein Haus bauen wollen.
     私たちは家を建てようと思っているから，節約しなければならない。

Lektion 21 (einundzwanzig)
レクツィオーン　　アインウントツヴァンツィヒ

関係代名詞

> Ein Mensch, **der** gute Freunde *hat*, ist glücklich.
> 　　　　　　　デーア　　　　　フロインデ　　　　　　グリュックリヒ
> よい友を持つ人は幸福である。
>
> **Wer** gute Freunde *hat*, ist glücklich. (同上)

[逐語訳] gute よい　Freunde 友人たちを　hat 持つ　der ところの　ein Mensch 人間　〈wer 人〉は　glücklich 幸福で　ist ある。

§1 指示代名詞と関係代名詞

次の二つの文は定動詞 singt「歌う」の位置以外はまったく同じです。

❶ 指示代名詞

　　Ich habe einen Vogel, *der* **singt** schön.
　　　　　　　　　　　フォーゲル　デーア
　　　私は1羽の鳥を飼っているが，その鳥は美しく歌う。

❷ 関係代名詞

　　Ich habe einen Vogel, *der* schön **singt**.
　　　私は1羽の美しく歌う鳥を飼っている。

❶ の文の der は der Vogel「その鳥は」という代りに用いた指示代名詞で人称代名詞 er をパワーアップしたようなものですから，定動詞は第2位です。ところが，❷ の文の singt は文末にあって定動詞後置になっています。これは ❷ の文の der が関係代名詞だからです。関係代名詞は従属接続詞の働きを兼ねた代名詞で，それが率いる文（＝関係文）を先行詞（ここでは einen Vogel）に従属させる働きを持っています。

関係代名詞を用いる場合の一般的注意は次のとおりです。

> ❶ 関係文は定動詞を後置する。
> ❷ 関係文と主文との間にはコンマを打つ。
> ❸ 関係代名詞は省略されることはない。

なお，関係代名詞には先行詞を必要とする**定関係代名詞**（der, welcher）と，先行詞を必要としない**不定関係代名詞**（wer, was）の2種類があります。

§2 定関係代名詞 der

定関係代名詞 der は太字の箇所以外は定冠詞と同変化ですが，das と dessen 以外は定冠詞より長く発音します。

	男 性	女 性	中 性	複 数
1格	der デーア	die ディー	das ダス	die ディー
2格	**dessen** デッセン	**deren** デーレン	**dessen** デッセン	**deren** デーレン
3格	dem デーム	der デーア	dem デーム	**denen** デーネン
4格	den デーン	die ディー	das ダス	die ディー

§3 定関係代名詞の用法

定関係代名詞の性・数は先行詞に一致しますが，格は先行詞とは関係なく，関係代名詞が関係文中で果たす役割によって決まります。たとえば関係代名詞が主語になっていれば1格になり，他動詞の目的語であれば4格になるわけです。

Ich kenne den Mann, **der** dort Klavier spielt.
　　　　　　　　　　　デーア　　クラヴィーア　シュピールト

　私は，あそこでピアノを弾いている男の人を知っています。
　（**Der Mann** spielt dort Klavier.「その男の人はあそこでピアノを弾いている」と考えれば，関係代名詞 der が1格である理由が分かります。）

Der Mann, **dessen** Frau im Krankenhaus liegt, muss selbst
　　　　　　デッセン　　　　　クランケンハオス　　　　　　　　　ゼルプスト

kochen.
コッヘン

　妻が入院しているその男は自分で炊事しなければならない。
　（Die Frau **des Mannes** liegt im Krankenhaus.「その男の妻は入院している」と考える。）

Der Mann, **dem** ich den Weg zeigte, war ein Ausländer.
　　　　　　デーム　　　　　ヴェーク ツァイクテ　　　　　アオスレンダー

　私が道を教えた男の人は外国人でした。
　（Ich zeigte **dem Mann** den Weg.「私はその男に道を教えた」と考える。）

Der Mann, **den** Sie suchen, arbeitet nicht mehr hier.
デーン　　ズーヘン

あなたが探している男はもうここでは働いていません。
(Sie suchen **den Mann**.「あなたはその男を探している」と考える。)

Ich will Ihnen das Haus zeigen, in **dem** der Dichter seine Kindheit
　　　　　　　　　　　　　　　　　　　デーム　　　ディヒター

verbrachte.
フェアブラハテ

あなたに詩人が幼少時代を過ごした家をお見せしましょう。
(Der Dichter verbrachte in **dem Haus** seine Kindheit.「詩人はその家で幼少時代を過ごした」と考える。)

Die Familie, bei **der** ich als Student wohnte, war sehr nett.
　　　　　　　バイ デーア

私が学生時代に下宿していた一家は大変親切でした。(als Student「学生として」)
(Als Student wohnte ich bei **der Familie**.「学生時代に私はその家族のもとに住んでいた」と考える。)

In diesem Heim leben Kinder, **deren** Eltern gestorben sind.
　　　　　　　　　　　　　　デーレン　　　ゲシュトルベン

この施設には両親が死んでしまった子供たちが暮しています。
(Die Eltern **der Kinder** sind gestorben.「その子供たちの両親は死んでしまった」と考える。)

Wo wohnen die Mädchen, **denen** du die Fotos schicken willst?
　　　　　　　　　　　デーネン　　　　　　フォートス

君が写真を送ろうとしている少女たちはどこに住んでいますか。
(Du willst **den Mädchen** die Fotos schicken.「君はその少女たちに写真を送ろうとしている」と考える。)

§4 定関係代名詞 welcher

　定関係代名詞には der のほかに welcher があります。格変化は「どの」という意味の welcher（定冠詞類）と同じですが、2格は用いません。現代ドイツ語ではすたれ、文語の中でまれに、それも主として同形の定冠詞との連続を避けるために der の代りに用いるに過ぎません。

Das Kind, **welches** das schönste Bild gemalt hat, bekommt einen
ヴェルヒェス

Preis. 一番すばらしい絵を描いた子は賞をもらえる。
プライス

　上例の welches は das でもいいのですが、das das schönste Bild ... と das が連続するのを避け welches にしたのです。

§5 不定関係代名詞

疑問代名詞の wer, was と同変化です。

[およそ] ……する人		[およそ] ……する物〈事〉	
1格	wer	1格	was
2格	wessen	2格	なし
3格	wem	3格	なし
4格	wen	4格	was

§6 不定関係代名詞の用法

❶ wer はそれ自体の中に先行詞を含んでいるので，他に先行詞を必要としませんが，後行詞として指示代名詞 **der**〈dessen, dem, den〉を用います。ただし wer も der も1格のときは der は省略するのがふつうです。

Wer lange lebt, [*der*] erfährt viel.
ヴェーア　　　　　　［デーア］エアフェーアト フィール
長生きする人［その人］は，多くのことを見聞する。

Wessen Hand kalt ist, *dessen* Herz ist warm.
ヴェッセン　　　　　　デッセン　ヘルツ
［その人の］手が冷たい人［その人］の心は温かい。

Wem du mit Geld hilfst, *den* verdirbt oft deine Hilfe.
ヴェーム　　　　　　　　デーン フェアディルプト
［その人を］君がお金で助ける人［その人］を君の援助はしばしばスポイルする。

Wen die Götter lieben, *der* stirbt jung.
ヴェーン　　ゲッター　　　　　　シュティルプト
［その人を］神々が愛する人［その人］は若死にする。

---

wer の3用法

❶ 疑 問 文　　**Wer** hat Zeit?　　　　　　　　暇のあるのは誰か。
❷ 疑問副文　　Ich weiß nicht, **wer** Zeit hat.　　暇のあるのは誰か，私は知らない。
❸ 関 係 文　　**Wer** Zeit hat, hat kein Geld.　　暇のある者には金がない。

was もこれに準じます。

❷ was も先行詞を必要としませんが，後行詞として指示代名詞 **das** 〈dessen, dem, das〉を用います。ただし was ... das の形になるときは das はふつう省略します。

Was Mode ist, [*das*] ist nicht immer schön.
ヴァス　モーデ
流行しているものが美しいとは限らない。

Was man schreibt, [*das*] bleibt.
シュライプト　　　　　ブライプト
書いたものは残る。

❸ was は名詞を先行詞とすることはできませんが，次のような中性形の不定代名詞類や最上級の中性名詞化などを先行詞とすることがあります。

alles	すべての物〈事〉	etwas	ある物〈事〉
nichts	何も…ない	manches	いくたの物〈事〉
das	[その]物〈事〉	das Beste	最善の物〈事〉

Das ist **alles, was** ich weiß.
これが私の知っているすべてです。

Ich glaube nur **das, was** ich selbst gesehen habe.
私は自分で見たものだけを信じます。

Das Beste, was wir haben können, ist die Freiheit.
フライハイト
われわれが持つことのできる最もよいものは自由である。

§7 前置詞と関係代名詞の融合形

不定関係代名詞 was が前置詞の支配を受けるときはふつう wo[r]＋前置詞（→ 9課§7）の形をとります。

Ich habe nichts, **worauf**（auf was は俗調）ich stolz bin.
ヴォラオフ　　　　　　　　　　　シュトルツ
私は誇りに思うものを何も持っていません。

Womit（Mit was は俗調）du zufrieden bist, mit **dem** bin ich auch
ヴォミット　　　　　　　　　　ツフリーデン　　　　　　デーム
zufrieden.
おまえが満足しているものには，私も満足です。

前置詞＋定関係代名詞（人を表すものを除く）の代りに，wo[r]＋前置詞の形を用いることもありますが，現代ドイツ語では一般的ではありません。

Das ist der Füller, { **mit dem** / **womit** (まれ) } er immer schreibt.

これは彼がいつも書いている万年筆です。

§8 関係代名詞の注意すべき用法

❶ ich, der ich ... など

先行詞が1人称・2人称の人称代名詞で，それを受ける関係代名詞が1格のときは，関係代名詞のあとに人称代名詞を繰り返すのがふつうです。その場合定動詞は人称代名詞に応じた形をとります。

Ich, **der ich** dein Freund bin, verlasse dich nie.
　　　　　　　　　　　　　フェアラッセ

君の友人である僕は，君を決して見捨てない。

▶ Ich が女性ならば Ich, **die ich** deine Freundin bin になります。

❷ 強調構文 Es ist 〜, der ...

es を先行詞とし，「…なのは〜である」という意味の用法です。その際関係代名詞の性・数は主語の es にではなく，述語の名詞に従います。この es は 19 課§6 ❸ の紹介の es です。

Es ist die Wahrheit, **die** am Ende siegt.
　　　　　ヴァールハイト

最後に勝つのは真理である。（**誤訳**　それは最後に勝つ真理である。）

Ich bin **es**, **der** die Vase zerbrochen hat.
　　　　　　　　　　　ヴァーゼ　ツェアブロッヘン

花びんをこわしたのは私です。

❸ 連続的用法

定関係代名詞には「…するところの」の意味の**限定用法**のほかに，**連続的用法**があります。英語と違ってどちらの場合にも前にコンマがありますので文脈に注意が必要です。あとにしばしば aber, auch「はたして」, wieder「再び」, sofort「すぐに」等を添えます。

Ich fragte den Polizisten, **der** aber nichts wusste.

私はその警官にきいたが，彼は何も知らなかった。

Er fing drei große Fische, **die** er *sofort* für das Mittagessen briet.
　　　　　　　　　　　　　　　　　ゾフォルト　　　　　　ミッタークエッセン　ブリート

彼は大きな魚を3匹捕えたが，それを彼はすぐに昼食のために焼いた。（fing＜fangen「捕える」, briet＜braten「(肉・魚を) 焼く」）

❹ 文意を受ける was

was には前の文全体または一部の意味を受ける用法があります。

> Er hat gelogen, **was** ich ihm nicht verzeihe.
> ゲローゲン　　　　　　　　　　フェアツァイエ
> 彼はうそをついたが，私はそのことをゆるさない。（gelogen＜lügen「うそをつく」）

> Du bist sehr gesund, **was** ich nicht bin.
> 　　　　　ゲズント
> 君は非常に健康だが，僕はそうではない。

§9 関係副詞

先行詞が場所を表す語である場合，前置詞＋関係代名詞の代りに好んで関係副詞 wo が用いられます。とくに先行詞が地名のときは必ず wo を用います。

> Die Fabrik, **wo**（＝in der）er arbeitet, ist sehr groß.
> 　　ファブリーク
> 彼が働いている工場は非常に大きい。

> Bonn, **wo**（in dem は誤り）ich meine Jugend verbrachte, liegt am
> 　　　　　　　　　　　　　　　　　　　ユーゲント　フェアブラハテ
> Rhein.
> ライン
> 私が青春時代を過ごしたボンはライン河畔にあります。

wo は先行詞なしでも用います。

> **Wo** man Frösche hört, *da* ist Wasser.
> 　　　　　フレッシェ
> 火のない所に煙は立たない。（直訳　カエルの声が聞こえるところには水がある。da「そこに」は wo の後行詞。省いてもよい。Frosch 男 —[e]s / ⸚e「カエル」）

§10 準関係代名詞

「…するところの」ではなく「…**するような**」の意味には **wie＋人称代名詞**を用います。

> Er ist ein Lehrer, **wie** jeder **ihn** liebt.
> 彼は誰もが愛するような教師である。

> Es war ein Erdbeben, **wie** man **es** noch nie erlebt hatte.
> 　　　　　エーアトベーベン　　　　　　　　　　　　エアレープト
> いまだかつて体験したことがなかったような地震であった。

Übung

A 日本語に訳しなさい。

1. Der Arzt, der am wenigsten Medizin gibt, ist der beste.
2. Es gibt Vögel, die nicht fliegen können.
3. Die Studentin, deren Vater gestorben war, musste ihr Studium aufgeben.
4. Die Bank, auf der du sitzt, ist frisch gestrichen.
5. Es waren die Vögel, die die Menschen fliegen lehrten.
6. Wer Handwerker werden will, muss als Lehrling anfangen.
7. Endlich hat er gefunden, was er lange suchte.
8. Das Mädchen musste nach dem Wunsch ihrer Eltern einen Mann heiraten, den sie nicht liebte, was ich sehr bedauerte.

● 単 語

Medizin 女 －／－en 薬，医学
frisch gestrichen ペンキ塗りたて
Lehrling 男 －s／－e 徒弟
bedauern 気の毒に思う

Studentin 女 －／－nen 女子大生
Handwerker 男 －s／－ 職人，手工業者
endlich (長く待ったあと) やっと

B ドイツ語に訳しなさい。

1. 私が愛していた少女は他の (ander) 男と結婚しました。
2. その原因 (Ursache 女 －／－n) がはっきりして (klar) いない病気 (Krankheit 女 －／－en) があります。
3. 味方 (Freund 男 －[e]s／－e) を持つ者は敵 (Feind 男 －[e]s／－e) をも持っています。

解　答

A　1.　最も少なく薬をくれる医者が最もよい医者です。
　　2.　飛ぶことのできない鳥があります。
　　3.　父親が死んでしまってその女子大生は勉学をあきらめなければならなかった。
　　4.　君が（その上に）腰かけているベンチはペンキ塗りたてです。
　　5.　人間たちに飛ぶことを教えたのは鳥たちです。
　　6.　職人になろうと思う者は，従弟として始めなければならない。
　　7.　長い間探していたものをやっと彼は見つけました。
　　8.　その娘は彼女の両親の願いに従って，愛していない男と結婚しなければなりませんでした。このことを私は大変気の毒に思いました。

B　1.　Das Mädchen, das ich liebte, hat einen anderen Mann geheiratet.
　　2.　Es gibt Krankheiten, deren Ursachen nicht klar sind.
　　3.　Wer Freunde hat, [der] hat auch Feinde.

名詞の性の見分け方（12）

● **–tum は中性**

　das Eigentum　財産
　　アイゲントゥーム

　das Königtum　王国
　　ケーニヒトゥーム

　例外　der Irrtum　誤り
　　　　　イルトゥーム

　der Reichtum　富
　　ライヒトゥーム

● **–um は中性**

　das Album　アルバム
　　アルブム

　das Studium　研究，（大学での）勉学
　　シュトゥーディウム

Lektion 22 (zweiundzwanzig)

受動形

> Ich **werde** jeden Morgen mehrmals von meiner Frau **geweckt**.　私は毎朝何度も妻に起こされます。

逐語訳　ich 私は　jeden Morgen 毎朝　mehrmals 何度も　von meiner Frau 私の妻によって　werde ... geweckt 起こされる。

§1 受動形の時制

主語がある動作をしかけることを能動といい，逆に主語が動作を受けることを受動といいます。受動形は werden＋過去分詞で表します。受動形の6時制を wecken「起こす」を例にして示すと次のとおりです。

　　　　　　　不 定 詞　wecken 起こす
　　　　　　　受動不定詞　**geweckt werden** 起こされる

現 在 形	ich werde ... geweckt
過 去 形	ich wurde ... geweckt
未 来 形	ich werde ... geweckt werden
現在完了形	ich bin　 ... geweckt worden
過去完了形	ich war　 ... geweckt worden
未来完了形	ich werde ... geweckt worden sein （まれ）

▶ 「…になる」の意味の本動詞 werden の過去分詞は geworden ですが，受動の助動詞 werden の過去分詞は ge- のない **worden** です。
　　　　本動詞　Er ist sehr reich **geworden**.
　　　　　　　　　彼はとても金持ちになった。
　　　　受動形　Er ist geweckt **worden**.
　　　　　　　　　彼は起こされた。

§2 能動文から受動文へ

能動文を受動文に変えるには動詞を werden＋過去分詞にするほか，能動文の4格目的語を1格に変えて受動文の主語にし，能動文の主語は受動文では von＋3格にします。

能動		受動
4格	→	1格
1格	→	von＋3格

能動　Der Vater **weckt** den Sohn.
　　　　　　　ヴェクト
　　　父が息子を起こす。

受動　Der Sohn **wird** von dem Vater **geweckt**.
　　　　　　　ヴィルト　　　　　　　　　ゲヴェクト
　　　息子は父によって起こされる。

能動　Er **gab** mir einen Füller.
　　　　　ガープ
　　　彼は私に万年筆をくれた。

受動　Ein Füller **wurde** mir von ihm **gegeben**.
　　　　　　　　ヴルデ　　　　　　　　ゲゲーベン
　　　万年筆が彼によって私に与えられた。

🔹 英語と異なり間接目的語である3格の mir を ich に変えて受動態の主語にすることはできません。受動文の主語になることができるのは，能動文の4格目的語に限ります。
　（英）*I was given a fountain pen by him.*
　× Ich wurde einen Füller von ihm gegeben.

§3 「…によって」の表し方

von＋3格のほか，次のような場合があります。

❶ 原因・手段・媒介はふつう **durch＋4格**で表されます。

　Die Brücke ist **durch** den Sturm zerstört worden.
　　　　ブリュッケ　　　ドゥルヒ　　　シュトゥルム　ツェアシュテーアト　ヴォルデン
　その橋は暴風で破壊された。

　Die Sendung wird oft **durch** Reklamen unterbrochen.
　　　　ゼンドゥング　　　　　　　　　　レクラーメン　　　ウンターブロッヘン
　放送はしばしばコマーシャルで中断される。

171

（Reklame 女 ― / ―n「宣伝」, unterbrochen＜unterbrechen「中断する」）

❷ 道具・材料は **mit＋3格**で表されます。

  Der Tisch wurde **mit** Blumen geschmückt.
  _{ゲシュミュックト}
  テーブルは花で飾られた。

❸ 能動文の主語が man のときは受動文ではこれを表現しません。

  能動 *Man* wählte ihn zum Präsidenten.
     _{ヴェールテ}   _{プレズィデンテン}
  人びとは彼を大統領に選んだ。

  受動 Er wurde zum Präsidenten gewählt.
           _{ゲヴェールト}
  彼は大統領に選ばれた。

ドイツ語の受動文は，動作の主体をとくに挙げる必要のないときに用いる傾向が強いために，受動文に動作の主体がない場合の方がむしろふつうです。

§4 自動詞の受動形

能動文の動詞が自動詞の場合には，受動文の主語となるべき4格の目的語がないので，意味のない es を受動文の主語にして形を整えます。この es は主文の文頭以外では消滅します。

  能動 Man tanzt heute.
     _{タンツト ホイテ}
  きょうダンスがある。（＜人びとはきょうダンスをする。）

  受動 **Es** wird heute getanzt. ⎫
     Heute wird getanzt.   ⎭
  きょうダンスが行われる。

  能動 Niemand half mir.
     _{ニーマント}
  誰も私を助けなかった。

  受動 **Es** wurde mir von niemand geholfen. ⎫
     Mir wurde von niemand geholfen.   ⎭
  私は誰からも助けられなかった。

とくに改まった感じを出すときのほかは，heute や mir 等他の要素を文頭に置いて es を省く方がふつうです。

> **werdenの3用法**
> ❶ 本動詞「…になる」　　Er **wird** Arzt.　彼は医者になる。
> ❷ 未来の助動詞　　　　Er **wird** bald kommen.　彼はすぐ来るだろう。
> ❸ 受動の助動詞　　　　Er **wird** gelobt.　彼はほめられる。

§5 状態受動

受動の助動詞 werden の代りに sein を用いると，動作の行われたあとの状態を示します。これを状態受動と呼び，ふつうの受動を動作受動と呼びます。

　　動作受動　Das Tor **wird** um neun Uhr **geöffnet**.
　　　　　　　トーア　　　　　　　ノイン　ウーア　ゲエフネット
　　　　　　　門は9時に開けられる。

　　状態受動　Das Tor **ist** den ganzen Tag **geöffnet**.
　　　　　　　トーア　　　　ガンツェン　ターク
　　　　　　　門は一日中開かれている。

> **「生まれた」の表現**
>
> 「誰それは…生まれた」という場合，生存していない人については gebären「産む」の動作受動の過去形を用い，生存中の人については状態受動の現在形または動作受動の過去形を用います。
>
> 　Goethe **wurde** 1749 (siebzehnhundertneunundvierzig) **geboren**.
> 　ゲーテ　　　　　　　ズィープツェーンフンダート・ノインウントフィアツィヒ　ゲボーレン
> 　　ゲーテは1749年に生まれた。
>
> 　Ich **bin**〈**wurde**〉1958 (neunzehnhundertachtundfünfzig) **geboren**.
> 　　　　　　　　　　　　　　ノインツェーンフンダート・アハトウントフュンフツィヒ
> 　　私は1958年に生まれた。

§6 その他の受動的表現

受動的な意味を表現する形式がいろいろあります。

❶ **man** を主語にする

　　Auch in der Schweiz spricht **man** Deutsch.
　　アオホ　　　　　シュヴァイツ
　　スイスでもドイツ語が話される。

❷ 動詞を再帰的に用いる

 Solche Fälle **wiederholen sich** oft.
 ゾルヒェ　フェレ　ヴィーダーホーレン　ズィヒ
 このようなケースはたびたび繰り返される。(Fall 男 ―[e]s / ¨e「場合」)

❸ **sich**＋他動詞＋**lassen**「…されうる」「…してもらう」など

 Dieser Stein **lässt sich** nur mit dem Hebel **bewegen**.
 　　　シュタイン　　　　　　　　　　　　　　　ヘーベル　　ベヴェーゲン
 この石はてこでなければ動かせられない。

 Ich **lasse mich** von meiner Mutter **wecken**.
 私は母に起こしてもらいます。

❹ **sein**＋**zu** 不定詞「…されうる」「…されなければならない」

 Dieses Ziel **ist** leicht **zu erreichen**.
 　　　ツィール　　　　　　　　　エアライヒェン
 この目標は容易に達成されうる。

 Dieses Ziel **ist** unbedingt **zu erreichen**.
 　　　　　　　ウンベディングト
 この目標は是が非でも達成されなければならない。

❺ **bekommen**＋過去分詞「…してもらう」

 Ich **habe** diese Kamera **geschenkt bekommen**.
 　　　　　　　　　　　　　ゲシェンクト
 私はこのカメラをプレゼントしてもらった。(habe ... bekommen：現在完了形)

❻ **möchte**〈**wollen**〉＋過去分詞＋**haben**「…してもらいたい」

 Ich **möchte** diesen Anzug **gereinigt haben**.
 　　　メヒテ　　　　アンツーク　ゲライニヒト
 このスーツをクリーニングしてもらいたいのですが。(reinigen「クリーニングする」)

Übung

A　日本語に訳しなさい。

1. Der Verkehr wird von einem Polizisten geregelt.
 　　フェアケーア　　　　　　　　　　　　　　ゲレーゲルト

2. Der Brief ist von dem Sekretär geschrieben worden. Er wird morgen
 　　　　　　　　　　　　　ゼクレテーア　　ゲシュリーベン

 von dem Minister selbst unterschrieben werden.
 　　　　　ミニスター　ゼルプスト　ウンターシュリーベン

3. Der Schaden wurde ersetzt, weil das Haus gegen Feuer versichert war.
4. In Deutschland wird am Sonntag nicht gearbeitet. Die Geschäfte sind auch geschlossen.
5. Muss der Zahn gezogen werden? — Ja, aber ich werde ihn schmerzlos ziehen.
6. Das neue Haus ist aus Beton gebaut worden, weil das Holz so teuer geworden ist.
7. Unser Sohn wurde durch eine geschickte Operation gerettet.
8. Es wird nicht geraucht, während gegessen wird.

● 単 語

regeln	規制する	Sekretär	男 —s / —e 秘書
Minister	男 —s / — 大臣	unterschreiben	署名する
Schaden	男 —s / ⸚ 損害	ersetzen	補償する
Feuer	中 —s / — 火, 火事	versichern	保険を掛ける
Geschäft	中 —[e]s / —e 店	schließen	閉める
schmerzlos	無痛の	Beton	男 —s / —e コンクリート
Holz	中 —es / ⸚er 木材	geschickt	巧みな
Operation	女 — / —en 手術	retten	救う

B　ドイツ語に訳しなさい。

1. パン (Brot 中) はパン屋 (Bäcker 男) によって焼か (backen) れます。
2. その事故 (Unfall 男) によって3人の子供が負傷させ (verletzen) られました (過去形と現在完了形の2通りに)。
3. この本は日本語に (ins Japanische) も翻訳さ (übersetzen) れるでしょうか。— それはもうとっくに (schon längst) 翻訳されています。

解　答

A　1. 交通が警官によって整理されます。
　　2. 手紙は秘書によって書かれました。それはあす大臣自身によって署名がなされるでしょう。
　　3. その家は火災保険が掛けられてあったので，損害は補償されました。
　　4. ドイツでは日曜日には仕事がなされません。店も閉まっています。
　　5. その歯は抜かなければなりませんか。─ええ，でもそれを痛くないように抜きましょう。
　　6. 材木がとても高くなったので，新しい家はコンクリートで建てられました。
　　7. 私たちの息子は巧みな手術によって救われました。
　　8. 食事がなされている間は喫煙されません。

B　1. Brot wird vom Bäcker gebacken.
　　2. Durch den Unfall wurden drei Kinder verletzt. / Durch den Unfall sind drei Kinder verletzt worden.
　　3. Wird dieses Buch auch ins Japanische übersetzt werden? ─ Es ist schon längst übersetzt.

名詞の性の見分けかた（13）

● **–ismus, –ist は男性**

der Kommunismus　共産主義
　コムニスムス
der Kommunist　共産主義者
　コムニスト
der Optimismus　楽天主義
　オプティミスムス
der Optimist　楽天家
　オプティミスト

Lektion 23 (dreiundzwanzig)
レクツィオーン　　　　　ドライウントツヴァンツィヒ

分　詞

> Der **geschlagene** Hund rannte **hinkend** weg.
> 　　ゲシュラーゲネ　　　　　　　　　　　ヒンケント　　ヴェック
> 打たれた犬は足を引きずりながら走り去った。

[逐語訳] der geschlagene 打たれた　Hund 犬は　hinkend 片足を引きずりながら　rannte ... weg（＜weg|rennen）走り去った。

◯ geschlagen: schlagen「打つ」の過去分詞。hinkend: hinken「片足を引きずる」の現在分詞。

§1 分詞の種類

　動詞の意味を保ちながら，形容詞の働きをする語を分詞といいます。動詞の性質と形容詞の性質を**分**かち持つ**詞**(ことば)という意味です。分詞には次の3種類があります。

不定詞 loben ほめる

現在分詞	過去分詞	未来受動分詞
lobend	gelobt	zu lobend
ローベント	ゲロープト	ツー　ローベント

§2 現在分詞

　不定詞＋ **-d** でつくります。

schlafen 眠る	→	schlafend
lächeln ほほえむ	→	lächelnd レッヒェルント
例外 sein ある	→	seiend ザイエント
tun する	→	tuend トゥーエント

177

用法は次のとおりです。

❶ 付加語として

「…しつつある」「…する」の意味です。形容詞と同様の格変化をします。

Die Mutter tröstete das **weinende** Kind.
トレーステテ　　　　ヴァイネンデ

母は泣いている子供をなぐさめた。

Er wurde aus dem **brennenden** Haus gerettet.
ブレンネンデン

彼は燃えている家の中から救い出された。

Seine Eltern gehören zur **besitzenden** Klasse.
ベズィッツェンデン　クラッセ

彼の両親は有産階級に属している。（zu *et*³ gehören「あるものに所属する」「あるものの一部〈一員〉である」; besitzen「所有する」）。

Der Mensch ist ein **denkendes** Schilf. (Pascal)
パスカル

人間は考える葦である。

現在分詞は原則として述語として用いることはできません。たとえば「その子は眠っている」は Das Kind ist schlafend. とはいえず，Das Kind schläft. といわねばなりません。sein と結んで述語となることができるのは次のように完全に形容詞化されたものに限ります。

Das Mädchen ist **reizend**.
ライツェント

この少女は魅力的である。（「魅惑しつつある」ではない。）

Diese Krankheit ist **ansteckend**.
クランクハイト　　アンシュテッケント

この病気は伝染性である。（「伝染させつつある」ではない。）

❷ 副詞として「…しながら」「…するように」

Sie drückte mir **lächelnd** die Hand.
ドリュックテ

彼女は微笑しながら私と握手した。(mir die Hand = meine Hand; drücken「握る」)

Das Kind folgte **weinend** dem Vater.
ヴァイネント

子供は泣きながら父について行った。

Sie sah ihn **prüfend** an.
プリューフェント

彼女は彼をじろじろ探るように見た。(prüfen「調べる」)

❸ **名詞化して**

現在分詞は形容詞の機能を持っているので，10課§7, 8で学んだ方法で名詞化できます。

    der Reisende   旅行者   der Sterbende   死にかけている男
    ライゼンデ   シュテルベンデ

    das Seiende   存在するもの   das Bedeutende   重要性
    ザイエンデ   ベドイテンデ

§3 過去分詞

過去分詞は完了形や受動形をつくるほか，次の用法があります。

❶ **付加語として**

原則として sein 支配の自動詞の過去分詞は能動の意味，他動詞の過去分詞は受動の意味を持っています。haben 支配の自動詞の過去分詞は原則として付加語としては用いません。

    das **gestorbene** Kind   死んだ子供（＜sein 支配自動詞 sterben「死ぬ」）
        ゲシュトルベネ

    der **gefallene** Schnee   降った雪（＜sein 支配自動詞 fallen「落ちる」）

    das **verbotene** Spiel   禁じられた遊び（＜他動詞 verbieten「禁ずる」）
        フェアボーテネ

    ein **gekochtes** Ei   ゆで［られた］卵（＜他動詞 kochen「煮る」）
        ゲコホテス

    Der **umgefallene** Baum liegt auf der Straße.
        倒れた木は道路に横たわっている。（umlfallen＜umlfallen「倒れる」）

    Ich habe einen **gebrauchten** Volkswagen gekauft.
                  ゲブラオホテン   フォルクスヴァーゲン
        私は中古のフォルクスワーゲンを買った。（gebraucht＜gebrauchen「使用する」）

完全に形容詞化した過去分詞は述語になります。

    Er ist sehr **gelehrt**.   彼は非常に学識がある。
                ゲレーアト

    Er ist immer **betrunken**.   彼はいつも酔っぱらっている。
                ベトルンケン

動詞的機能を持ったふつうの過去分詞を述語的に用いると，sein 支配の自動詞ならば完了形，他動詞ならば状態受動になってしまいます。

    Sie **ist gestorben**.   彼女は死んでしまった。（現在完了形）

Das Ei **ist gekocht**.　その卵はゆで [られ] てある。(状態受動)

❷ 副詞的に

Er ging **beruhigt** nach Hause.
　　　　　ベルーイヒト
彼はほっとして家に帰った。(beruhigen「安心させる」)

❸ 名詞化して

der Gefangene　捕虜，囚人 (fangen「捕える」)
　　ゲファンゲネ

der Erwachsene　おとな (erwachsen「古義：成長する」)
　　エアヴァクセネ

das Gesagte　既述のこと　　　das Geschriebene　書かれたもの

§4 未来受動分詞

zu＋現在分詞の形を用い「…されうる」「…されなければならない」の意味です。そのどちらの意味になるかは前後関係によって決まります。

die **zu lobende** Tat　　{ ほめられうる行為
　　　　　　　　　　　　{ ほめられなければならない行為

Das ist eine leicht **zu lösende** Frage.
　　　　　　　　ライヒト　　　レーゼンデ
これは容易に解決されうる問題である。

Wir haben eine unbedingt **zu lösende** Frage.
　　　　　　　　　　ウンベディングト
われわれは是が非でも解決されなければならない問題をかかえている。

▶ 未来受動分詞は付加語としてのみ用い，述語になると sein＋zu 不定詞（→17課§7）に書き替えます。

Die Tat **ist zu loben**.　その行為は { ほめられうる。
　　　　　　　　　　　　　　　　　{ ほめられなければならない。

§5 冠飾句

付加語的に用いた分詞や形容詞に目的語・副詞等がついて拡張された句を**冠飾句**といいます。

Dieses Buch ist für die **Deutsch lernenden** Japaner geschrieben.
　　　　　　　　　　　　　　　　　　　　　　　　　　　ヤパーナー
この本はドイツ語を学ぶ日本人たちのために書かれています。

Der **vor acht Tagen gefallene** Schnee liegt noch auf dem Dach.

1週間前に降った雪がまだ屋根の上にある。（vor acht Tagen = vor einer Woche「1週間前に」）

Er sucht eine **seiner Fähigkeit gemäße** Arbeit.

彼は自分の能力にふさわしい仕事を探している。

§6 分詞構文

　副詞的に用いられた分詞に目的語や副詞等がついて拡張された句は，副文が短縮されたものとも考えられるので，分詞構文と呼ばれます。文脈により原因・理由・条件・認容（譲歩）などの意味を帯びることがあります。

❶ 現在分詞を基礎とするもの

Mit der Hand winkend, entfernte sie sich.

手を振りながら，彼女は遠ざかって行った。（Mit der Hand winkend = Indem sie mit der Hand winkte）

Er konnte, **die Gefahr erkennend,** noch rechtzeitig zur Seite springen.

彼は危険を認めたので（＜認めて），早目にわきへ跳びのくことができた。（die Gefahr erkennend = weil er die Gefahr erkannte）

❷ 過去分詞を基礎とするもの

In Erinnerung versunken, saß er im Sessel und träumte.

思い出にふけって，彼は安楽いすに座って夢みていた。（versunken＜versinken「沈む」）

Biologisch gesehen, ist der Wal ein Säugetier.

生物学的に見れば（＜見て）クジラは哺乳動物である。

Von der Arbeit erschöpft, schlief er sofort ein.

仕事で疲れはてたので（＜疲れはてて），彼はすぐに眠り込んだ。

　この形式は**断り書き**を表すのにも用いられます。

offen gestanden　　実を言うと（gestehen「告白する」）
genau genommen　　厳密に言えば
unter uns gesagt　　ここだけの話だが

Offen gestanden, ich mag ihn nicht.
実を言うと，私は彼が好きではない。

📖 辞書のひきかた

schlafend や weinend のような動詞の機能を持つふつうの現在分詞は辞書の見出し語になっていません。したがって -d を除いて不定詞の形でひき，不定詞の意味から現在分詞の意味をもとめるわけです。wandelndes Wörterbuch「生き字引」のような成句の場合は wandeln という動詞の項の最後の方に用例としてのっています。これに反し完全に形容詞化したものは独立の見出し語になっています。

reizend [ráitsənt] 現分 形 （または *p.a.*）魅力的な
ansteckend 現分 形 （または *p.a.*）伝染性の
p.a. は分詞的形容詞（particium adjectivum）の略です。

Übung

A　日本語に訳しなさい。

1. Fließendes Wasser ist frisch, stehendes wird faul.

2. Sie kaufte ein gebratenes Huhn und ein halbes Pfund gekochten Schinken.

3. Mit gesenktem Kopf stand er schweigend vor dem Lehrer.

4. Auf dich wartend, blätterte ich in einem Buch.

5. In die Heimat zurückgekommen, besuchte ich zuerst meinen alten Lehrer.

6. Der Mensch ist das Werkzeuge machende Tier.

7. Der von uns unterschriebene Vertrag wird Ihnen sofort zugeschickt.

8. Das ist eine verhältnismäßig leicht zu heilende Krankheit.

● 単　語

fließen	流れる	Wasser	中 —s / — 水
frisch	新鮮な	faul	腐った
Huhn	中 —[e]s / ⸚er ニワトリ		
Pfund	中 —[e]s / —[e] ポンド（ドイツでは500グラム）		
senken	沈める，下げる	Kopf	男 —[e]s / ⸚e 頭
blättern	（本などを）ぱらぱらとめくる	Werkzeug	中 —[e]s / —e 道具
Vertrag	男 —[e]s / ⸚e 契約［書］	zu|schicken	送［りつけ］る
verhältnismäßig	比較的	heilen	治療する

B　ドイツ語に訳しなさい。

1. 沈み（sinken）つつある太陽（Sonne 女）は燃える（brennen）ように赤い（rot）。
2. 叱られた（schelten の過去分詞）子供は泣きながら床についた（zu Bett gehen）た。
3. どの書店（Buchhandlung 女）で（bei）も買える本は彼の興味をひか（j⁴ interessieren）ない。

解　答

A　1.　流れる水は新鮮であり，淀んでいる水は腐る。
　　2.　彼女は1羽のローストチキンと半ポンドのボイルドハムを買った。
　　3.　頭を下げて彼は黙って教師の前に立っていた。
　　4.　君を待ちながら，僕は本をぱらぱらとめくっていた。
　　5.　故郷に帰ると，私はまず私の年老いた〈昔の〉先生を訪問した。
　　6.　人間は道具を作る動物である。
　　7.　私共によって署名された契約書はすぐにあなたに送られます。
　　8.　これは比較的容易に治療されうる病気です。

B　1.　Die sinkende Sonne ist brennend rot.
　　2.　Das gescholtene Kind ging weinend zu Bett.
　　3.　Ein bei jeder Buchhandlung zu kaufendes Buch interessiert ihn nicht.

Lektion 24 (vierundzwanzig)
レクツィオーン　　　　　フィーアウントツヴァンツィヒ

命令法

> **Sorge** nicht für morgen!　(Bibel)
>
> あすのために思いわずらうな。(聖書)

[逐語訳] morgen あす　für のために　sorge nicht 心配するな。

§1 基本

不定詞の語幹に次の語尾をつけてつくり，原則として文末に感嘆符（！）をつけます。

du に対して	ihr に対して	Sie に対して
── e!	──[e]t!	──[e]n Sie!

- Sie に対するものは本来の命令法ではなく，接続法第Ⅰ式（→27課§1）ですが，実用的見地から命令法として扱います。

lernen	学ぶ	lerne!	lernt!	lernen Sie!
warten	待つ	warte!	wartet!	warten Sie!
lächeln	ほほえむ	lächle!	lächelt!	lächeln Sie!

- du, ihr に対する命令文にはふつう主語をつけませんが，強調したり，相手を指定したりするために主語をつけることがあります。
  Warte **du** hier!　おまえはここで待ちなさい。

du に対する命令法の語尾 -e は省かれることがあります。とくに強変化動詞では省く方がふつうです。

| kommen | 来る | komm! |
| schlafen | 眠る | schlaf! |

§2 注意すべき命令法

❶ e → i[e] 型動詞

du と er〈sie / es〉に対する現在形で幹母音が e から i または ie に変わる e → i [e] 型動詞（→4課§2）は du に対する命令法でも幹母音が i または ie になり，また語尾 -e をつけません。

sprechen	(du sprichst)	話す	**sprich!** シュプリヒ	sprecht!	sprechen Sie!
helfen	(du hilfst)	助ける	**hilf!**	helft!	helfen Sie!
nehmen	(du nimmst)	取る	**nimm!**	nehmt!	nehmen Sie!
lesen	(du liest)	読む	**lies!** リース	lest!	lesen Sie!
sehen	(du siehst)	見る	**sieh!*** ズィー	seht!	sehen Sie!
例外					
werden	(du wirst)	…になる	***werde!***	werdet!	werden Sie!

◘ 参考箇所を指示する場合には sieh の代りに，siehe を用います。
Siehe Seite 7!「7ページ参照」。

❷ sein

sein	ある	**sei!**	**seid!**	**seien Sie!** ザイエン

Tadle leise, **lobe** laut!
タードレ　ライゼ
　小声で叱り，大声でほめよ。（tadle＜tadeln「非難する」「叱る」）

Sieh Neapel und dann **stirb**!
　　　ネアーベル　　　　　シュティルプ
　ナポリを見てから死ね。（stirb＜sterben「死ぬ」）

Proletarier aller Länder, **vereinigt** euch!
プロレターリアー　　　　レンダー　フェアアイニヒト オイヒ
　万国の労働者よ，団結せよ。（sich⁴ vereinigen「団結する」）

Seien Sie nicht so ungeduldig! **Warten Sie** bis morgen!
　ザイエン　　　　　　　ウンゲドゥルディヒ
　いらいらしないで，あしたまで待ちなさい。

§3 wir に対する命令

「われわれは…しようではないか」と話し手が自分をも含めて相手を勧誘する方法で，—[e]n wir! の形をとります。英語の *let us, let's* に相当するものです。

Nehmen wir ein Taxi!　　　　タクシーに乗ろう。

Reden wir nicht mehr davon!　　もうその話はよそう。
　　　　　　　　　　　ダフォン

Seien wir ehrlich!　　　　　正直でいよう。
ザイエン　　エーアリヒ

英語の *let us* ～ と同じ形式もあります。ドイツ語の場合，相手によって lass uns ～! lasst uns ～! lassen Sie uns ～! と使い分けをしなければなりません。

Lass uns ins Kino **gehen**!　　　（du で話す相手に向かって）
映画を見に行こう。

Lasst uns einen Ausflug **machen**!　（ihr で話す相手に向かって）
　　　　　　　　アオスフルーク　マッヘン
遠足をしよう。

Lassen Sie uns an die See **fahren**!　（Sie で話す相手に向かって）
海辺へドライブしましょう。

§4 その他の命令的表現

命令法を使わないで命令を表現する方法がいろいろあります。

❶ 不定詞による命令

Bitte, **weiter lesen**!　　　どうぞ続けて読んで下さい。（weiter「ひき続いて」）
　　　ヴァイター　レーゼン

Langsam **fahren**!　　　　徐行（くゆっくり走れ）。
ラングザーム

Hände **waschen**!　　　　手を洗いなさい。

Oberkörper **freimachen**!　上半身脱いで下さい。（レントゲン室などで）
オーバーケルパー　フライマッヘン

❷ 過去分詞による命令

Aufgestanden!　　起床！（auf|stehen「起床する」）
アオフゲシュタンデン

Hier **geblieben** und erst die Hausaufgaben **gemacht**!
ここに残ってまず宿題をやってしまいなさい。

❸ 現在形・未来形による命令

Du **bleibst** hier!　おまえはここに残っているのだよ。

Ihr **werdet** brav **sein**!
おまえたちはいい子にしているね。(brav（子供が）「おとなしい」)

❹ 副詞や名詞による命令

Herein!　お入り。(herein「（こちらの）中へ」)

Tür **zu**!　戸を閉めろ。(zu「閉じて」)

Hinaus mit dir!　おまえなんか出て行け。(hinaus「（あちらの）外へ」)

Hände **hoch**!　手を上げろ。(強盗などの言葉)

Achtung!　注意。

Vorsicht, Stufe!　段差あり，注意。(Stufe 女「段」)

Übung

A　日本語に訳しなさい。

1. Zähle zehn, wenn du zornig bist! Zähle hundert, wenn du sehr zornig bist!

2. Wascht euch die Hände, bevor ihr euch an den Tisch setzt!

3. Hilf dir selbst, dann hilft dir Gott.

4. Sei stolz darauf, Japaner zu sein!

5. Arbeitet fleißiger, sonst werdet ihr im Examen durchfallen.
   フライスィガー　　　　　　　　　　　　　エクザーメン　ドゥルヒファレン
6. Grüßen Sie bitte Ihren Vater von mir!
   グリューセン
7. Sprechen wir leise, damit uns niemand hört!
   シュプレッヒェン　　ライゼ　　ダミット　　　ニーマント
8. Vergiss nicht, ihm unsere neue Adresse zu sagen!
   フェアギス　　　　　　　　　　　　　アドレッセ

● 単 語

hundert 100　　　　　　　　　**durch|fallen** 落第する
Adresse 女 — / —n 住所

B　ドイツ語に訳しなさい。

1. 私たちに時々 (von Zeit zu Zeit) 手紙を (省略せよ) 書いてください。(du, ihr, Sie 3通りに対して)
2. 沢山 (viel) 食べ，そして長く眠れ。(du, ihr, Sie 3通りに対して)
3. 大声で (laut) 歌いながら歩きまわ (wandern) ろうではないか。

解 答

A　1.　腹が立ったら10数えよ。非常に腹が立ったら100数えよ。
　　2.　テーブルにつく前に手を洗いなさい。
　　3.　おまえ自身を助けよ。そうすれば神がおまえを助ける。
　　4.　日本人であることを誇りに思いなさい。
　　5.　もっと勤勉に勉強しなさい。でないとおまえたちは試験に落第するだろう。
　　6.　どうぞあなたのお父さんに私からよろしくお伝え下さい。
　　7.　誰にも聞かれないように，小声で話しましょう。
　　8.　彼に私たちの新しい住所を言うのを忘れないでくれ。

B　1.　Schreib[e] 〈Schreibt〉 uns von Zeit zu Zeit! / Schreiben Sie uns von Zeit zu Zeit!
　　2.　Iss 〈Esst〉 viel und schlaf[e] 〈schlaft〉 lange! / Essen Sie viel und schlafen Sie lange!
　　3.　Wandern wir laut singend!

Lektion 25 (fünfundzwanzig)
レクツィオーン　　　　　　　フュンフウントツヴァンツィヒ

指示代名詞

> **Wohin fährt der Bus? — Der fährt zum Flughafen.**
> ヴォーヒン　　　　　デーア　ブス　　　デーア　　　　　　　　　フルークハーフェン
>
> このバスはどこ行きですか。― これは空港行きです。

[逐語訳] der この　Bus バスは　wohin どこへ　fährt 行くか。― der これは　zum Flughafen 空港へ　fährt 行く。

§1 指示代名詞 der

定関係代名詞 der と同じ格変化をしますが，関係代名詞より強く発音します。なお，複数2格に derer という別形があります。

	男性	女性	中性	複数
1格	der (デーア)	die (ディー)	das (ダス)	die (ディー)
2格	dessen (デッセン)	deren (デーレン)	dessen (デッセン)	deren / derer (デーレン　デーラー)
3格	dem (デーム)	der (デーア)	dem (デーム)	denen (デーネン)
4格	den (デーン)	die (ディー)	das (ダス)	die (ディー)

der の用法は次のとおりです。

❶ 強調指示

人称代名詞が前に出た名詞を軽く「受ける」のに対し，指示代名詞は名詞はもちろん，人や物そのものをも強く「指す」働きを持っています。「**受ける**」のと「**指す**」の違いが人称代名詞と指示代名詞の差といえましょう。なお，口語では人称代名詞の代りに好んで指示代名詞 der が使われます。

　　Kennen Sie Herrn Braun? — Ja, **den** kenne ich gut.
　　　　　　　　　　　　　　　　　　　デーン
　　あなたはブラオンさんをご存じですか。―ええ，あの人なら私はよく知っています。

Arbeiten Sie mit Herrn Müller? — Nein, mit **dem** arbeiten wir nicht mehr.
デーム

あなたがたはミュラーさんと一緒に仕事をしているのですか。— いいえ，あの人とはもう仕事をしていません。

Es war einmal ein König, **der** hatte drei Töchter, **die** waren alle sehr schön.
アインマール　ケーニヒ　デーア

昔王がいました。その王には3人の娘がいましたが，その娘たちはみなとても美人でした。

次の例は名詞でなく，直接人や物そのものを指す場合です。

Fangen Sie **den**! **Der** hat gestohlen!
デーン　デーア　ゲシュトーレン

あいつを捕まえろ。あいつは泥棒だ。(gestohlen＜stehlen「盗む」)

Die dort ist meine Tante.

あそこにいる女の人は私のおばです。

❷ 近接指示

性・数が同じ名詞または代名詞が前に二つ以上あるとき，der はそのうちの一番近くの語を指します。これを**近接指示**といいます。

Der Mann besaß einen Ring, **der** hatte eine wunderbare Kraft.
ヴンダーバーレ

その男は指輪を持っていたが，その指輪にはふしぎな力があった。

▷ der の代りに er を用いると，前文の主語 der Mann を受けるようにとられる恐れがあります。

Er fotografiert seinen Freund und **dessen** Bruder.
フォトグラフィーアト　デッセン

彼は彼の友人とその兄〈弟〉の写真をとる。

▷ dessen の代りに seinen を用いると「自分の兄〈弟〉」ととられる恐れがあります。

❸ 同語反復を避ける用法

Mein Entschluss steht fest, aber **der** meines Freundes wankt noch.
エントシュルス　デーア

私の決心は固い，しかし私の友人のそれ（＝決心）はまだぐらついている。
(fest|stehen「確定している」; der = der Entschluss)

Mein Zimmer ist nicht so groß wie **das** meines Freundes.
ダス

私の部屋は私の友人の［部屋］ほど大きくない。(das = das Zimmer)

Ich gehorche keinem anderen Gebot als **dem** des Gewissens.
_{ゲホルヒェ　　　　　　　　　　　　　　ゲボート　　　　デーム　　　　ゲヴィッセンス}

私は良心の命令以外のいかなる命令にも従いません。(kein anderer 〜 als ...「…以外のいかなる〜もない」, dem = dem Gebot)

❹ 関係代名詞の先行詞として

Der, den ich sprechen wollte, war nicht dabei.
_{デーア　デーン　　　　　　　　　　　　　ダバイ}

私が会おうとした人は，その場にはいませんでした。(der = der Mann)

Gott hilft **denen**, die sich selbst helfen.
_{デーネン}

神は自らを助ける人びとを助ける。(denen = den Menschen)

❺ 複数2格 **deren** と別形 **derer**

derer は関係文などの規定を伴って「**人びとの**」の意味に用いられ，その他の場合は deren を用います。

Ich bin ein Freund **derer**, die den Frieden lieben.
_{デーラー}

私は平和を愛する人びとの味方です。

Die Astronomen beobachten die Sterne und **deren** Bewegungen.
_{アストロノーメン　　ベオーバハテン　　　シュテルネ　　　デーレン　ベヴェーグンゲン}

天文学者たちは星とその動きを観察する。

❻ 形容詞的用法

名詞の前に置かれるときは定冠詞と同変化ですが，定冠詞より強く発音します。印刷の場合は定冠詞と区別するために字間をあけることがあります。これを**隔字体**といいます。

D e n Tag werde ich nie vergessen.
_{デーン　　　　　　　　　　　　フェア**ゲ**ッセン}

この日を私は決して忘れないでしょう。

Ich beleidige dich? **D i e** Absicht ist mir fern.
_{ベライディゲ　　　　　　　　　　アプズィヒト　　　フェルン}

僕が君を侮辱しているって。そんな意図は毛頭ないよ。(fern「遠い」)

❼ 前置詞と **der** の融合形

前置詞と人称代名詞の融合形（→9課§7）と同形ですが，**da[r]-** の部分にアクセントを置いて発音します。

Davon habe ich nichts gehört.
ダーフォン
それについては何も聞いていません。

§2 derjenige

前半 der- は定冠詞の格変化，後半 -jenige は形容詞の弱変化と同じです。

	男 性	女 性	中 性	複 数
1格	derjenige デーアイェーニゲ	diejenige ディーイェーニゲ	dasjenige ダスイェーニゲ	diejenigen ディーイェーニゲン
2格	desjenigen	derjenigen	desjenigen	derjenigen
3格	demjenigen	derjenigen	demjenigen	denjenigen
4格	denjenigen	diejenige	dasjenige	diejenigen

derjenige は der に -jenige をつけてつくった拡張形なので，der の部分にアクセントを置いて発音します。derjenige は der の用法のうち次の二つを代行します。

❶ 名詞反復を避ける用法

  Meine Theorie ist anders als **diejenige** (= die) des Professors.
    テオリー   アンダース ディーイェーニゲ   プロフェッソアス
  私の学説は教授のそれ（＝学説）とは違っています。(anders als ...「…とは違って」)

❷ 関係代名詞の先行詞として

  Ich bin **denjenigen** (= denen) dankbar, die mir geholfen haben.
     デーンイェーニゲン   ダンクバール
  私は私を助けてくれた人びとに感謝しています。

derjenige は形容詞的にも用いますが，その場合は必ず関係文の規定がつきます。

  Erinnerst du dich noch an **denjenigen** (= d e n) Tag, wo wir uns
  エアインナースト
  zum ersten Mal sahen?
    エーアステン
  君はわれわれがはじめて会ったあの日をまだ覚えていますか。

§3 dieser, jener

dieser「この」，jener「あの」については6課§1で学びましたが，その他

dieser を「後者」，jener を「前者」の意味に用いることがあります。

> Er hat mir ein Bild von Picasso und eins von Matisse gezeigt.
> ピカソ　　　　　　　　　　マティス　ゲツァイクト
> **Dieses** gefiel mir gut, **jenes** gefiel mir aber nicht besonders.
> ベゾンダース

彼は私にピカソの絵とマチスの絵を見せた。後者は私の気に入ったが，前者はそれほど気に入らなかった。（eins = eines = ein Bild; besonders「とくに」）

§4 紹介の das, dies, jenes

「これは…である」「あれは…である」といって紹介するときには，述語となる名詞の性・数にかかわらず中性形を用います。ただし定動詞の人称・数は述語の名詞に従います。

> Ein Album zeigend: „**Das** ist mein Vater, **das** ist meine Mutter, **das**
> アルバム　ツァイゲント
> sind meine Kinder und **das** bin ich."

アルバムを見せながら「これが私の父です。これが私の母です。これが私の子供たちで，これが私です。」

> **Dies** ist Herr Schäfer und **jenes** ist Frau Meyer.
> マイアー

これはシェーファー氏です。そしてあれはマイアー夫人です。

これに似たものに紹介の es（→19課§6③），紹介を求める welches（→11課§3③）があります。

> Wer reitet so spät durch Nacht und Wind? **Es** ist der Vater mit
> シュペート　ドゥルヒ
> seinem Kind. (Goethe).
> ゲーテ

こんな夜更けに闇と風をついて馬を走らせるのは誰か。それは子供を連れた父親である。

> **Welches** ist Ihre Tasche?　どれがあなたのバッグですか。
> ヴェルヒェス

§5 derselbe

derjenige と同じ格変化をします。「同じ…」「同じ人〈物〉」を意味し，形容詞的にも名詞的にも用います。「同じ」を意味する selbe に意味の重点があるので，derjenige の場合と異なり，後半の方を強く発音します。

Das ist **derselbe** Junge, der uns den Weg gezeigt hat.
デーアゼルベ

これは私たちに道を教えてくれたのと同じ少年だ。

derselbe は強調のため ein und を添えることがあります。ein は格変化することもあります。

Meine Frau und ich besuchten damals **ein[en] und denselben**
ダーマールス　　　　　　　　　　　デーンゼルベン

Kindergarten.

私の妻と私はその頃同じ幼稚園に通っていました。

Ich wohne in **demselben** ⟨im selben⟩ Hotel wie im letzten Jahr.
デームゼルベン　　イム　ゼルベン　　　　　　　　　　レッテン

私は去年と同じホテルに泊まっている。

Du bist immer { **derselbe**. (男の場合) / **dieselbe**. (女の場合) }　君はいつも変わらないね。

Der Alte sagt immer **dasselbe**.　その老人はいつも同じことを言っている。
ダスゼルベ

§6 solcher

「そのような」「そんな」の意味です。形容詞的にも名詞的にも用います。格変化は次のように3通りあります。

solcher ゾルヒャー	定冠詞類 (dieser 型) の格変化
ein solcher	solcher は形容詞の混合変化
solch ein ゾルヒ	solch は無語尾

▶ solch ein の ein は形容詞的には不定冠詞の格変化、名詞的には定冠詞類 (dieser 型) の格変化をします。

❶ 形容詞的用法

Solche Liebe dauert nicht lange.
ゾルヒェ　　　　　ダオアート

そんな愛は長続きしません。

Ein solcher Mann
Solch ein Mann　} ist nicht beliebt.

そんな男は好かれません。

❷ 名詞的用法

Die Erkältung als **solche** ist gar nicht gefährlich.

風邪それ自体はまったく危険ではない。（als solche「それ自体として」）

Er ist ein unehrlicher Mann. Mit **solch einem** sollst du nicht verkehren.

彼は不誠実な男です。あんな男とおまえは付き合ってはいけません。

（mit j³ verkehren「ある人と交際する」）

Übung

A　日本語に訳しなさい。

1. Er hält einen Hund, der ist fast so groß wie ein Kalb.
2. Setz dich nicht auf d i e Bank!　Die ist frisch gestrichen!
3. Das ist nicht seine eigene Meinung, sondern die seiner Frau.
4. Der Geschmack dieser Frucht ist dem des Apfels ähnlich.
5. Traue nicht denjenigen, die dir schmeicheln!
6. Sie stellte mir ihre Schwester und deren Freundin vor.
7. Die Namen derer, die das Examen bestanden haben, stehen hier.
8. Ich trage immer denselben Anzug, weil ich keinen anderen habe.

● 単 語

fast	ほとんど	**Kalb**	中 —[e]s / ⁻er 子牛
Bank	女 — / ⁻e ベンチ	**eigen**	自身の
Geschmack	男 —[e]s / ⁻e 味	**Frucht**	女 — / ⁻e 果実
schmeicheln	こびる	**Freundin**	女 — / —nen 女友達
Anzug	男 —[e]s / Anzüge スーツ		

B　ドイツ語に訳しなさい。

1. Peter はうそつき (Lügner 男) です。あいつ (指示代名詞) を私は信用しません。
2. 私の住居 (Wohnung 女) は私の友人の住居 (指示代名詞) よりずっと (viel) 小さい。
3. 彼は彼の友人とその息子たちに真実 (Wahrheit 女) を言う。

解　答

A　1.　彼は1頭の犬を飼っているが，その犬は子牛ぐらい大きい。
　　2.　このベンチに腰かけてはいけない。これはペンキ塗りたてですよ。
　　3.　これは彼自身の意見ではなく，彼の妻の意見です。
　　4.　この果物の味はリンゴの味に似ています。
　　5.　おまえにこびる人びとを信用してはいけない。
　　6.　彼女は私に彼女の姉〈妹〉と，その友達を紹介した。
　　7.　試験に合格した人びとの名前はここに出ています。
　　8.　私はほかの［スーツ］を持っていないから，いつも同じスーツを着ています。

B　1.　Peter ist ein Lügner. Dem traue ich nicht.
　　2.　Meine Wohnung ist viel kleiner als die meines Freundes.
　　3.　Er sagt seinem Freund und dessen Söhnen die Wahrheit.

Lektion 26 (sechsundzwanzig)
レクツィオーン　　　　　　　ゼックスウントツヴァンツィヒ

接続法の形態

> Mir war, als ob ich im Himmel **wäre**.
> 　　　　　アルス　オブ　　　　　　　　　　ヴェーレ
> 私はまるで天国にいるような気がした。

[逐語訳] mir 私には　als ob まるで　ich 私が　im Himmel 天国に　wäre いる (als ob) かのようで　war あった。

◘ als ob ich ... wäre ＝ 英 *as if I were* ... .　wäre は sein の接続法第Ⅱ式。

§1　3種の法

ドイツ語には**直説法**（Indikativ），**命令法**（Imperativ），**接続法**（Konjunktiv）という三つの**法**（Modus）があります。法とは話者の発言に対する心的態度を表すための定動詞の形態をいいます。

> 直説法　er kommt　彼が来る
> 命令法　komm!　来い
> 接続法　er komme　彼は来い，彼が来ると　*etc.*

　直説法はある事柄を事実として述べるときに用いる法であり，本書でいままで出てきた定動詞はほとんどが直説法でした。命令法はいうまでもなく相手に対して命令や要求するための法ですが，第3の接続法はある事柄を事実としてではなく，単に「可能なこと」「仮定されたこと」等として述べる場合の定動詞の形態です。

§2　接続法の形態と用法の関係

　接続法を形態の面から見ると，er komme のように不定詞からつくる**接続法第Ⅰ式**と er käme のように過去基本形からつくる**接続法第Ⅱ式**とがあります。次に接続法を用法の面から見ると，**要求話法・非現実話法・間接話法**の3話法に分かれます。形態と用法の関係を次に示します。

要求話法	第Ⅰ式	Dein Reich **komme**! (Bibel) ライヒ み国の来らんことを。(聖書)
非現実話法	第Ⅱ式	Wenn er **käme**, **könnten** wir Tennis spielen. ケーメ　　ケンテン もし彼が来れば，私たちはテニスをすることができるのだが。
間接話法	第Ⅰ式 〈第Ⅱ式〉	Er sagt, er **komme** 〈**käme**〉 gleich. グライヒ 彼はすぐ来ると言っている。

　接続法は接続詞 dass の機能を含む定動詞で，有形無形のなんらかの文に**接続**していると考えられるので，この名があります。

　上の要求話法の Dein Reich komme「み国の来(た)らんことを」（直訳　あなたの国が来い）は Ich wünsche「…と私は願う」という言外の文に接続していると考えられ，また非現実話法の Wenn er käme「もし彼が来れば…」は nehme ich an「…と私は仮定する」というような言外の文に接続していると考えられます。間接話法 er komme 〈käme〉 gleich「彼はすぐ来ると」が Er sagt「彼は言う」という文に接続していることは言うまでもありません。

§3　接続法のつくり方

❶ 接続法第Ⅰ式基本形

不定詞の語幹を基礎にして

$$\boxed{\text{―― e}}$$

の形にすると第Ⅰ式基本形になります。基本形は3人称単数形とお考え下さい。例外は sein 一語だけです。

	不定詞		直説法現在形	第Ⅰ式基本形
	kommen	来る	er kommt	(er) **komme** コンメ
	sprechen	話す	er spricht	(er) **spreche** シュプレッヒェ
	werden	…になる	er wird	(er) **werde** ヴェーアデ
	wissen	知っている	er weiß	(er) **wisse** ヴィッセ
例外	sein	ある	er ist	(er) **sei** △　(e がない) ザイ

❷ **接続法第Ⅱ式基本形**

強変化動詞・混合変化動詞（不規則動詞）は過去基本形を基礎にして

$$\underline{}\ddot{}e$$

の形にすると第Ⅱ式基本形になります。

不定詞		過去基本形	第Ⅱ式基本形
kommen	来る	kam	(er) **käme** ケーメ
wissen	知っている	wusste	(er) **wüsste** ヴュステ
sein	ある	war	(er) **wäre** ヴェーレ
haben	持っている	hatte	(er) **hätte** ヘッテ
werden	…になる	wurde	(er) **würde** ヴュルデ
gehen	行く	ging	(er) **ginge**（i は変音しない）ギンゲ

弱変化動詞（規則動詞）は過去基本形と同形です。

| wohnen | 住む | wohnte | (er) **wohnte**（変音しない） |

▷ 第Ⅱ式には若干の例外があります。（→巻末付録）

| kennen | 知っている | kannte | (er) ***kennte*** ケンテ |
| sterben | 死ぬ | starb | (er) ***stürbe*** etc. シュテュルベ |

❸ **人称変化**

第Ⅰ式も第Ⅱ式も基本形に直説法過去形と同じ語尾をつけます。

ich { komme / käme } △　　wir { komme / käme } **n**

du { komme / käme } **st**　　ihr { komme / käme } **t**

er { komme / käme } △　　sie { komme / käme } **n**

例外　sein の第Ⅰ式　　ich sei △　　　　wir seien
　　　　　　　　　　　du sei[e]st　　　ihr seiet
　　　　　　　　　　　er sei △　　　　sie seien

§4 接続法の時制

いままでに説明した接続法は第Ⅰ式・第Ⅱ式とも現在形です。接続法には現在・過去・未来・未来完了の4時制があります。過去形は完了の形を借りてつくり，未来形・未来完了形は werden を接続法に変えるだけです。

次に sprechen（haben 支配）と kommen（sein 支配）を例にして4時制を示します。

	接続法第Ⅰ式	接続法第Ⅱ式
現在	er spreche er komme	er spräche er käme
過去	er habe ... gesprochen er sei ... gekommen	er hätte ... gesprochen er wäre ... gekommen
未来	er werde ... sprechen er werde ... kommen	er würde ... sprechen er würde ... kommen
未完	er werde ... gesprochen haben er werde ... gekommen sein	er würde ... gesprochen haben er würde ... gekommen sein

Lektion 27 (siebenundzwanzig)
レクツィオーン　　　　ズィーベンウントツヴァンツィヒ

要求話法

> Gott **helfe** uns!　(英 God **help** us!)
>
> 神がわれらを助け給わんことを。

[逐語訳] Gott 神が　uns 私たちを　helfe 助けよ。

§1 要求話法

3人称に対しては命令法がありませんが，その代りに接続法第Ⅰ式を用いて要求・願望を表すことができます。主として単数形だけ（sein は複数形も）用います。

　　Jeder **gehe** seinen Weg!
　　　　　　　　　　ヴェーク
　　　各自が自分の道を行け。

　　Edel **sei** der Mensch! (Goethe)
　　　　　ザイ　　　　　　　　ゲーテ
　　　人間は気高くあれ。

　　Alle Menschen **seien** Brüder!
　　　　　　　　　　ザイエン
　　　すべての人間は兄弟であれ。

　　Gott **segne** dich!
　　　　　ゼーグネ
　　　神が汝（じ）を祝福し給わんことを。

　　Bleibe er doch gesund!
　　　ブライベ　　　ドホ　ゲズント
　　　彼がどうかいつまでも健康でいますように。（直訳　彼はどうか健康でとどまれ。doch は願望の副詞。）

　　▶ Bleibe er ... と定動詞第1位なのは強調のためです。

これらの用法は現代ドイツ語ではすたれてきており，強い要求は sollen「…すべきである」の直説法，おだやかな要求・願望は mögen の接続法第Ⅰ式「…してほしい」（英 may）で言い換えることが多くなっています。

Jeder **soll** seinen Weg gehen!
　　　　　　　　　ヴェーク

各自が自分の道を行くべきだ。

Gott **möge** dich segnen!
　　　メーゲ　　　　ゼーグネン

神が汝を祝福して下さるように。

🔹 Sie と wir に対する命令については24課§1, 3で学びましたが，これらは歴史的に見ると接続法第Ⅰ式の要求話法ですが，実用的見地から命令法の課で扱いました。

§2 要求話法の応用

❶ 取り決めの要求

「…せよ」がちょっと変わって「…としよう」「仮に…としておこう」という意味になったものです。

Gut, es **sei**, wie du sagst.

よろしい，君の言うとおりだとしておこう。（**直訳**　それは君の言うとおりであれ。）

ABC und DEF **seien** kongruente Dreiecke.
　　　　　　　　　　　　コングルエンテ　　ドライエッケ

ABC と DEF は合同の三角形であるとせよ。

❷ 無関心の要求・認容

心からの要求ではなくて，「…したいなら勝手に…せよ」というような無関心の要求，転じて「たとえ…しようとも」というような**認容**（＝譲歩）にも要求話法が使われます。この用法はカッコ内のように mögen の直説法で言い換えることができます。

Man **sage**, was man will 〈wolle〉.

(= Man mag sagen, was man will.)

人は何とでも言え。（**直訳**　人は何でも欲することを言え。）

🔹 was man will の will は主文に同化されて接続法第Ⅰ式 wolle になることがあります。

Was er auch **sage**, ich glaube ihm nicht.

(= Was er auch sagen mag, …)

たとえ彼が何を言おうとも，私は彼の言うことを信じない。（auch「たとえ」）

🔹 認容文が前にあっても，後続の主文の定動詞の語順にはふつう影響を与えません。

❸ 目的を表す副文

「…するために」の意味の従属接続詞 damit に導かれる副文にも接続法第Ⅰ式

が使われることがありますが，これも多少古風で，現代ドイツ語では直説法を用いることが多くなっています。古くは damit の代りに auf dass, dass も使われました。

> Man isst, damit man **lebe** 〈lebt〉, nicht umgekehrt.
> ダミット　　　　　　　　　　　　　ウムゲケーアト
> 人は生きるために食べるのであって，その逆ではない。

> Ehre deine Eltern, auf dass dir's wohl **gehe**. (Bibel)
> 汝が幸福であるために，汝の両親を敬え。(聖書)
> (dir's = es dir; es geht j^3 wohl 「ある人が幸福〈健康〉である」)

Übung

A　日本語に訳しなさい。

1. Niemand störe mich bei der Arbeit!
   シュテーレ
2. Trost suche man nicht im Alkohol!
   トロースト ズーヘ　　　　　　　　アルコホール
3. Die Kinder seien vor allem gesund!
   ザイエン
4. Möge das neue Jahr Ihnen und Ihrer Familie viel Glück bringen!
   メーゲ　　　　　　　　　　　　　　ファミーリエ
5. Der Vater sei dreißig Jahre älter als der Sohn. Wann ist jener
   ザイ ドライスィヒ
   doppelt so alt wie dieser?
   ドッペルト
6. Die deutsche Sprache sei auch noch so schwierig, ich will sie
   　　　　　　　　　　アオホ　　ノホ　ゾー シュヴィーリヒ
   beherrschen.
   ベヘルシェン

● 単　語

stören	じゃまをする	**Trost**	男 —[e]s / 慰め
Alkohol	男 —s / —e アルコール	**vor allem**	何よりもまず
Glück	中 —[e]s / 幸福	**dreißig**	30
Sprache	女 — / —n 言語，国語	**auch noch so**	たとえどんなに
schwierig	むずかしい，困難な	**beherrschen**	マスターする

B　ドイツ語に訳しなさい。
1. 主婦（Hausfrau 囡）はつましく（sparsam）あれ。
2. 眠れる（現在分詞）獅子（Löwe 男）は目覚め（erwachen）よ。
3. 彼の魂（Seele 囡）は安らかに（in Frieden）眠（ruhen）れ。

解　答

A　1. 誰も私を仕事中じゃましないでくれ。
　　2. 慰めをアルコールに求めるな。
　　3. 子供たちは何よりもまず健康であれ。
　　4. 新しい年があなたとあなたの家族に多くの幸せを持ってくるように。
　　5. 父は息子よりも30歳年上だとしよう。前者が後者の倍の年になるのはいつか。
　　6. ドイツ語がたとえどんなにむずかしかろうとも，私はそれをマスターするつもりだ。

B　1. Die 〈Eine〉 Hausfrau sei sparsam!
　　2. Der schlafende Löwe erwache!
　　3. Seine Seele ruhe in Frieden! / Seine Seele möge in Frieden ruhen!

Lektion 28 (achtundzwanzig)
レクツィオーン　　　　　　　　アハトウントツヴァンツィヒ

非現実話法

> Wenn ich reich **wäre**, **könnte** ich dir helfen.
> 　　　　　　ライヒ　　ヴェーレ　　　ケンテ
> (英 *If I **were** rich, I **could** help you.*)
> 　　私が金持だったら，君を助けてあげられるのだが。

逐語訳 wenn もし　ich 私が　reich 金持で　wäre ある (wenn) ならば，ich 私は　dir 君を helfen 助ける　könnte ことができるだろう。

§1 非現実の仮定とその結論

「もし仮に…ならば」という仮定部も，「…だろう」という結論部も定動詞を接続法第Ⅱ式にします。

　　Wenn ich Flügel **hätte**, **flöge** ich zu dir.
　　　　　　　　　　フリューゲル　ヘッテ　　フレーゲ
　　　私に翼があれば，おまえのところへ飛んでいくのだが。

過去に関する場合には接続法第Ⅱ式過去形（＝完了形の接続法第Ⅱ式）を用います。

　　Wenn ich Flügel **gehabt hätte**, **wäre** ich zu dir **geflogen**.
　　　私に翼があったのなら，おまえのところへ飛んでいったのだが。

§2 würde による言い換え

結論部の接続法第Ⅱ式は，現代ドイツ語では sein, haben, werden や話法の助動詞など少数の語以外は würde ＋不定詞で言い換えるのがふつうです。（würde は werden の接続法第Ⅱ式　英 *would*）

　　Wenn ich Flügel hätte, **würde** ich zu dir **fliegen**.
　　　　　　　　　　　　　　ヴュルデ
　　　私に翼があれば，おまえのところへ飛んでいくのだが。

過去に関する場合も würde ＋完了不定詞で言い換えられますが，冗長になるので好まれません。

　なお，仮定部は wenn の代りにしばしば定動詞第1位にします（→20課§5⑤）。

205

その場合は結論部のはじめに so または dann を置くのがふつうです。
> **Hätte** er Zeit, so ⟨dann⟩ würde er gleich kommen.
> 彼に時間があれば，すぐ来るだろうに。

- 現代ドイツ語では würde ＋不定詞を仮定部に用いることもあります。
- 「万一…のときには」の意味には仮定部に sollte（sollen の第Ⅱ式）を用い，結論部を直説法にします。
> Wenn es morgen regnen **sollte**, komme ich nicht.
> 万一あす雨だったら，私は来ません。

§3 仮定部の独立用法

仮定部だけが独立して用いられると，**非現実の願望**，**かなわぬ願い**を表します。この場合たいてい願望の副詞 doch「どうか」や nur「せめて」または間投詞 o, oh などを添えます。

> Wenn wir *doch* ein Kind **hätten**!
> ドホ
> われわれに子供があればなあ。（wären wir glücklich「われわれは幸福であろう」というような結論部を補って考えることができます。）

> *O*, **wäre** ich nicht **geboren**!
> ゲボーレン
> ああ，私は生まれて来なければよかったのに。

> Wenn du mich *nur* **angerufen hättest**!
> ちょっと私に電話してくれればよかったのに。

§4 仮定部の圧縮・結論部の独立用法

仮定部が副文の形をとらず，単なる語句に圧縮されていたり，仮定部がまったく示されていないこともあります。

> *Ohne Wasser* **könnte** nichts leben.
> 水なしでは何物も生きられないだろう。
> （Ohne Wasser = Wenn es kein Wasser gäbe「もし水が存在しなければ」）

> *Mit deiner Hilfe* **hätte** ich das Ziel **erreicht**.
> ツィール　エアライヒト
> 君の援助があれば，僕は目標を達成したであろうに。（Mit deiner Hilfe = Wenn du mir geholfen hättest「もし君が私を助けてくれたなら」）

> *Auch ich* **hätte** es so getan.
> ゲターン
> 私だってそうしたことでしょう。（Wenn ich an Ihrer Stelle gewesen wäre「もし私があなたの立場にいたのなら」という仮定部が言外に含まれています。）

なお，次の形式も仮定部の圧縮と考えられます。

> fast
> beinahe バイナーエ
> um ein Haar
> ＋第Ⅱ式過去形
> あやうく…するところだった。

Fast **wäre** er **ertrunken**.
エアトルンケン
あやうく彼は溺死するところだった。(fast「あやうく」はたとえば「もし発見がおそかったなら」というような仮定部を圧縮したものと考えられます。)

Das **hätte** ich *beinahe* **vergessen**.
バイナーエ
それを私はもう少しで忘れるところだった。

Um ein Haar **hätte** ich das Kind **überfahren**.
ユーバーファーレン
あやうく私はその子をひいてしまうところだった。(um ein Haar は「ブレーキを踏むのがもう少し遅ければ」といった仮定部の圧縮と考えられます。)

§5 非現実の認容

仮定部に auch wenn, selbst wenn, und wenn「たとえ…であろうとも」を用い，非現実の認容（＝譲歩）を表すこともあります。

Auch wenn sie zehn Kinder **hätte**, ich **würde** sie **heiraten**.
たとえ彼女に10人子供がいるとしても，私は彼女と結婚するだろう。

Ich tue es nicht, *und wenn* du mir eine Million Euro **gäbest**.
ミリオーン　オイロ　ゲーベスト
君が百万ユーロくれたとしても，僕はそんなことはしないよ。

▶ 仮定部は非現実でも，結論部は現実的なので ich tue のように直説法を用いることもあります。

§6 als ob と接続法

als ob「まるで…のように」(英 *as if*) に導かれる副文ではたいてい定動詞を接続法第Ⅱ式にします。なお，ob を省略すると定動詞は als の直後に置かれます。

Er spricht fließend Deutsch,
フリーセント
{ *als ob* er ein Deutscher **wäre**.
　als **wäre** er ein Deutscher.

彼はまるでドイツ人であるかのように流ちょうにドイツ語を話す。

Er tat so, { *als ob* er uns nicht **bemerkt hätte**.
{ *als* **hätte** er uns nicht **bemerkt**.

　彼はわれわれに気がつかなかったようなふりをした。

◘ まれに第Ⅰ式を用いることもあります。

◘ als ob の代りに als wenn, wie wenn を用いることがありますが，その場合には第Ⅰ式は用いません。

§7 否定の影響による接続法

　副文の内容が主文によって事実上否定されている場合には，副文の内容は非現実になるので，副文の定動詞を接続法第Ⅱ式にすることがあります。

Es gibt kein Mittel, mit dem man Dummköpfe heilen **könnte**.
　　ドゥムケップフェ

　馬鹿につける薬はない。(mit dem man Dummköpfe heilen könnte「それをもって馬鹿をなおすことのできる」という関係文の内容は，Es gibt kein Mittel「薬はない」という主文で否定されています。)

Es ist zu dunkel, als dass man lesen **könnte**.

　あまり暗すぎて読むことができない。(zu ～ als dass ...「…するにはあまりにも～すぎる」「あまり～すぎて…できない」)

§8 外交的接続法

　直説法で言うと厚かましく聞こえたり，角(かど)が立ったりするような場合，非現実話法の形を借りて婉曲(えんきょく)に表現することがあります。これを**外交的接続法**といいます。

Ich **wäre** Ihnen sehr dankbar, wenn ich bald Ihre Antwort erwarten **dürfte**.
　デュルフテ

　すぐにご返事いただけますれば，大変ありがたく存じます。(**直訳**　もし私がすぐにあなたの返事を期待することが許されるならば，私はあなたに大変感謝するであろう。)

　外交的接続法は上例のように仮定部と結論部が揃っていることは少なく，結論部だけの独立用法がほとんどです。

Es **wäre** Zeit, schlafen zu gehen.

　もう床につく時間でしょう。(Es ist Zeit ... なら「…時間です」)

Könnten } Sie mir helfen?
Würden

　手伝っていただけませんでしょうか。

Ich **möchte** gern Herrn Müller sprechen.
メヒテ

ミュラーさんにお目にかかりたいのですが。

Verkäufer: Wünschen Sie noch etwas?
フェアコイファー

Kunde: Das **wäre** alles.
クンデ

店員：ほかに何かお望みのものがありますか。

客：これだけのようです。（直訳　これがすべてであろう。）

Da **wären** wir am Ziel!

やっと目的地に着いたようだ。

Übung

A 日本語に訳しなさい。

1. Wenn mein Sohn noch lebte, wäre er so alt wie Sie.

2. Hätten Sie eine Tochter, so würden Sie mich verstehen.

3. Hätte ich den Wagen nicht gekauft, so hätte ich diesen Unfall nicht
   ウンファル
   verursacht.
   フェアウーアザハト

4. Wenn ich doch ein besseres Gedächtnis hätte!
   ドホ　　　　　　　　　　　ゲデヒトニス

5. Ohne ihn wäre die Party langweilig gewesen.
   パーティ　ラングヴァイリヒ　ゲヴェーゼン

6. Raffael wäre ein großer Maler geworden, auch wenn er ohne Hände
   ラファエル　　　　　　　　マーラー
   auf die Welt gekommen wäre.

7. Ein Engländer küsst, als ob er zum ersten Mal küsste, und ein
   キュスト　アルス　オプ　　　　エーアステン　マール
   Italiener küsst, als täte er es zum letzten Mal.
   イタリエーナー　　　　　テーテ　　　　　レツテン

8. Würden Sie mich bitte Ihrer Schwester vorstellen?
   フォーアシュテレン

● 単　語

Party　囡 —s / —s　パーティー
auf die Welt kommen　生れて来る
Mal　囲 —[e]s / —e　回
Maler　男 —s / —　画家
Italiener 男 —s / —　イタリア人

B　ドイツ語に訳しなさい。

1. 私が健康であれば，スポーツ（Sport 男 無冠詞）をする（treiben）のだが。
2. 私があの頃（damals）健康であったのなら，スポーツをしたことでしょう。
3. その孤児（Waise 囡）は［それが］牢獄（Gefängnis 囲）であるかのように，施設（Heim 囲）を嫌っている（hassen）。

解　答

A　1. 私の息子がまだ生きていれば，あなたと同い年だろう。
2. あなたに娘がいれば，私の気持が分かるのだが。
3. 私が車を買っていなければ，この事故を起こさなかったであろう。
4. 私がもっとよい記憶力を持っていればなあ。
5. 彼がいなければパーティーは退屈であったろう。
6. ラファエロはたとえ手なしで生まれて来たとしても，偉大な画家になったであろう。
7. 英国人はまるではじめてキスをするかのようにキスをする。イタリア人はそれが最後のキスであるかのようにキスをする。
8. 私をあなたの姉〈妹〉さんに紹介していただけないでしょうか。

B　1. Wenn ich gesund wäre, würde ich Sport treiben 〈triebe ich Sport〉.
2. Wenn ich damals gesund gewesen wäre, hätte ich Sport getrieben.
3. Die Waise hasst das Heim, als ob es ein Gefängnis wäre 〈als wäre es ein Gefängnis〉.

Lektion 29 (neunundzwanzig)
レクツィオーン　　　　ノインウントツヴァンツィヒ

間接話法

> Mein Mann sagt, er **habe** kein Geheimnis vor mir.
> 　　　　　　　　　　　　　　　　　ゲハイムニス
>
> 夫は，私に対して秘密は持っていないと言う。

[逐語訳] mein Mann 私の夫は　vor mir 私に対して　Geheimnis 秘密を　habe … kein 持っていないと　sagt 言う。

§1 直接話法と間接話法

　他人のことばを伝えるのに二つの方法があります。一つは引用符(„ ")を用いて，他人の言ったことを，そっくりそのまま引用する方法で，これを直接話法といいます。これに対し，他人のことばの内容を引用者の立場から述べる方法を間接話法といいます。

|直接話法|Er sagte **zu** mir: „Ich **weiß** dein Geheimnis."|
|彼は私に言った「僕は君の秘密を知っている」と。|

|間接話法|Er sagte mir, er **wisse** mein Geheimnis.|
|彼は私の秘密を知っていると私に言った。|

▶ 直接話法の zu mir 等の zu は間接話法では消滅します。

直接話法を間接話法に変えるには次の手続きが必要です。

> ① コロン(:)をコンマに変え，引用符をはずす。
> ② 必要に応じて人称代名詞や所有冠詞を引用者の立場から言い換える。
> 　(上例では Ich → er, dein → mein)
> ③ 引用文の定動詞を接続法に変える。

§2 第Ⅰ式か第Ⅱ式か

❶ 間接話法には原則として接続法第Ⅰ式を用い，第Ⅰ式が直説法と同形の場合には第Ⅱ式を用います。

Er sagte mir, er **wisse** es.
<small>彼はそれを知っていると私に言った。</small>

Er sagte mir, seine Eltern **wüssten** es.（第Ⅰ式 wissen は直説法と同形ゆえ避ける）
<small>自分の両親はそれを知っていると彼は私に言った。</small>

❷ 強変化動詞・混合変化動詞の場合は第Ⅰ式を用いても直説法と区別がつく場合でも，口語体の文では好んで第Ⅱ式を用いる傾向があります。それはこの種の動詞の第Ⅱ式が第Ⅰ式に比べて柔らかい感じがするためです。

Er sagt, er { **sei** / **wäre** } krank und { **habe** / **hätte** } Fieber.
<small>彼は，病気で熱があると言う。</small>

◎ 現代ドイツ語では間接話法に直説法を用いることがあります。とくに地の文との接続に従属接続詞 dass, ob や疑問詞を用いる場合にこの傾向が強いといえます。

Er sagt, **dass** er mich { liebe. / liebt. } <small>彼は私を愛していると言う。</small>

§3 間接話法の時制

直接話法の過去形・現在完了形・過去完了形はどれも間接話法では接続法過去形（＝完了形の接続法）になります。

	直接話法 Sie sagte: <small>彼女は言った</small>	間接話法 Sie sagte,
過去形	„Er tat es." <small>「彼はそれをした」</small>	
現在完了形	„Er hat es getan." <small>「彼はそれをしてしまった」</small>	→ 過去形 er **habe** es **getan**.
過去完了形	„Er hatte es getan." <small>「彼はそれをしてしまっていた」</small>	

未来形と未来完了形は未来の助動詞 werden を接続法に変えるだけです。

	Sie sagte:		Sie sagte,
未来形	„Er wird es tun." <small>「彼はそれをするだろう」</small>	→ 未来形	er **werde** es tun.
未来完了形	„Er wird es getan haben." <small>「彼はそれをしてしまっているだろう」</small>	→ 未来完了形	er **werde** es getan haben.

なお，英語と違って Sie sagte のような地の文と引用文の間には時制の一致がありません。つまり地の文が Sie sagt のように現在形であろうと Sie sagte のように過去形であろうと，引用される文の時制には何の影響もないのです。

§4 間接疑問文

❶ 直接疑問文に疑問詞がある場合には，間接疑問文でもそれを残し，定動詞を後置します。

　　直接疑問文　　Sie fragte ihn: „**Wo** verbringen Sie die Ferien?"
　　　　　　　　　　　　　　　　フラークテ　　　　　フェアブリンゲン　　　　　　フェーリエン
　　　　　　　　　　彼女は彼にきいた「あなたはどこで休暇を過ごしますか」と。

　　間接疑問文　　Sie fragte ihn, **wo** er die Ferien **verbringe**.
　　　　　　　　　　どこで休暇を過ごすかと，彼女は彼にきいた。

❷ 直接疑問文に疑問詞がない場合には従属接続詞 ob「…かどうか」でつなぎます。この場合ももちろん定動詞は後置です。

　　直接疑問文　　Er fragte sie: „Hast du heute Zeit?"
　　　　　　　　　　　　　　　　　　　　　　ホイテ　　ツァイト
　　　　　　　　　　彼は彼女にきいた「君はきょう時間があるか」と。

　　間接疑問文　　Er fragte sie, **ob** sie heute Zeit **habe**.
　　　　　　　　　　きょう時間があるかどうか，彼は彼女にきいた。

　▶ 英語と異なり **heute**「きょう」，**hier**「ここに」等の副詞は原則として間接語法でも言い換える必要はありません。

§5 間接命令文

❶ 強い命令の場合には sollen「…すべきである」の接続法を定動詞にします。

　　直接命令文　　Er sagte zu ihr: „Schweig!"
　　　　　　　　　　　　　　　　　　　　シュヴァイク
　　　　　　　　　　彼は彼女に「黙れ」と言った。

　　間接命令文　　Er sagte ihr, sie **solle** schweigen.
　　　　　　　　　　彼は彼女に黙るように言った。

❷ おだやかな頼みの場合は mögen の接続法「…してほしい」を定動詞にします。

直接命令文	Er bat mich: „Bitte helfen Sie mir!"
	彼は私に頼んだ「どうぞ私を助けて下さい」と。
間接命令文	Er bat mich, ich **möge** ihm helfen.
	メーゲ
	助けてほしいと，彼は私に頼んだ。

▶ 直接命令文中の bitte「どうぞ」の気持は mögen で表されますので，間接命令文では bitte は消えます。

§6 名詞に接続する間接話法

間接話法は sagen「言う」, glauben「信ずる」, fragen「問う」等の動詞に接続するほか Meinung「意見」, Frage「問い」等のような名詞に接続する場合があります。

Er ist der Meinung, das Fernsehen **verderbe** die Kinder.
　　　　　マイヌング　　　　フェルンゼーエン　　フェアデルベ

彼は，テレビは子供を駄目にするという意見である。(der Meinung はいわゆる**述語的2格**, 英語の *of the opinion* に相当します。)

Auf die Frage, ob er sie noch **liebe**, antwortete er nicht.
　　　　　　　　　　　　　　　　　　　　アントヴォルテテ

彼女をまだ愛しているのか，という問いに対して彼は答えなかった。

§7 間接話法の独立用法

定動詞を接続法にすることによって，間接話法であることが明らかなので，Er sagte などの地の文なしで引用文が独立して用いられることがあります。

Mein Vater kauft mir kein Motorrad. Es **sei** zu gefährlich.
　　　　　　　　　　　　　モトーアラート　　　　　　　　ゲフェーアリヒ

私の父は私にオートバイを買ってくれません。あまりにも危険だと言うのです。(Er sagt を補って考える。)

Der Deutsche fragte sie, wie sie so gut Deutsch gelernt habe. Ob sie in Deutschland **aufgewachsen sei**.
　　　　　　　　　　　　アオフゲヴァクセン

そのドイツ人は彼女にきいた。どうやって彼女はそんなによくドイツ語を学んだのか。ドイツで育ったのかと。

Er kam nicht, weil er Kopfschmerzen **habe**.
　　　　　　　　　　コップフシュメルツェン

頭が痛いからといって彼は来なかった。

Übung

A 日本語に訳しなさい。

1. Der Vater glaubt, nur er brauche Geld, aber seine Kinder brauchten kein Geld.
   （ブラオヘ／ブラオホテン）

2. Er sagte, er müsse sparen, weil er den Plan habe, ein Haus zu bauen.
   （シュパーレン）

3. Er ist der Meinung, dass das Schulwesen in Japan nun gründlich verbessert werden solle.
   （シュールヴェーゼン／グリュントリヒ／フェアベッサート）

4. Sie behauptet, sie wäre sofort zu Bett gegangen, nachdem sie zu Abend gegessen hätte.
   （ベハオプテット／ゾフォルト）

5. Die Hausfrau sagte dem Gast, er möge Platz nehmen.
   （メーゲ／プラッツ）

6. Mutter sagt immer, wir sollten fleißiger arbeiten, sonst würden wir im Examen durchfallen.
   （ドゥルヒファレン）

7. Der Ausländer fragte mich, welcher Bus zum Flughafen fahre.
   （フルークハーフェン）

8. Er fragte das Kind, wie es hieße und wo es wohne. Ob es schon zur Schule gehe.
   （ヒーセ）

● 単 語

glauben	思う，信じる	brauchen	必要とする
sparen	節約する，貯金する	Schulwesen	中 —s / — 学校制度
nun	いまや	gründlich	根本的に
verbessern	改善する	zu Abend essen	夕食を食べる

B ドイツ語に訳しなさい。
1. 子供たちは信じている，コウノトリ（Storch 男 —[e]s / ⸚e）たちが赤ん坊を運んでくる（bringen）と。
2. 彼は Heidelberg で2学期（Semester 中 —s / —）勉強し（studieren）たのちに（nachdem），München へ行った，と言った。
3. 彼女は子供たちに正直で（ehrlich）あれ，といつも言っている。

解　答

A 1. 父は，自分だけはお金が必要だが，子供たちはお金が必要でないと信じている。
2. 彼は，家を建てる計画があるので，節約しなければならないと言った。
3. 彼は，日本の学校制度はいまや根本的に改善されるべきだという意見である。
4. 彼女は，夕食を食べたのちすぐに床についたと主張している。
5. 主婦は客に，お掛け下さいと言った。
6. もっと勤勉に勉強しなさい，でないとわれわれは試験に落第するだろうと，母はいつも言う。
7. どのバスが空港へ行くか，とその外国人は私にきいた。
8. 彼はその子にきいた。何という名前で，どこに住んでいるのか。もう学校へ行っているのかと。

B 1. Die Kinder glauben, Störche brächten Babys.
2. Er sagte, er sei 〈wäre〉 nach München gegangen, nachdem er zwei Semester in Heidelberg studiert habe 〈hätte〉.
3. Sie sagt immer den Kindern, sie sollten ehrlich sein.

Lektion 30 (dreißig)
レクツィオーン　　　ドライスィヒ

数　詞

> Mein **vierter** Sohn ist **einundzwanzig** Jahre alt.
> 　　　　フィーアター　　　　　　　　　アインウントツヴァンツィヒ
>
> 私の四男は21歳です。

逐語訳 mein 私の　vierter 4番目の　Sohn 息子は　einundzwanzig 21　Jahre alt 歳　ist である。

§1 基数

「一つ」「二つ」「三つ」のように個数を表す数詞を基数といいます。

0	null ヌル		10	zehn ツェーン
1	eins アインス		11	elf エルフ
2	zwei ツヴァイ		12	zwölf ツヴェルフ
3	drei ドライ		13	dreizehn ドライツェーン
4	vier フィーア		14	vierzehn フィアツェーン
5	fünf フュンフ		15	fünfzehn フュンフツェーン
6	sechs ゼックス		16	sechzehn ゼヒツェーン
7	sieben ズィーベン		17	siebzehn ズィープツェーン
8	acht アハト		18	achtzehn アハツェーン
9	neun ノイン		19	neunzehn ノインツェーン

◘ 14 (vierzehn) は vier- を短く [フィア] または [フィル] と読みます。
　16 (sechzehn) は前半が sechs- でなく sech- [ゼヒ] です。
　18 (achtzehn) は t をはじかず [アハツェーン] と読みます。
　なお，以上の注意は次ページの40，60，80にもあてはまります。

20	zwanzig ツヴァンツィヒ	60	sechzig ゼヒツィヒ
30	dreißig ドライスィヒ	70	siebzig ズィープツィヒ
40	vierzig フィアツィヒ	80	achtzig アハツィヒ
50	fünfzig フュンツィヒ	90	neunzig ノインツィヒ
21	einundzwanzig アインウントツヴァンツィヒ	56	sechsundfünfzig ゼックスウントフュンフツィヒ
22	zweiundzwanzig ツヴァイウントツヴァンツィヒ	67	siebenundsechzig ズィーベンウントゼヒツィヒ
23	dreiundzwanzig ドライウントツヴァンツィヒ	78	achtundsiebzig アハトウントズィープツィヒ
34	vierunddreißig フィーアウントドライスィヒ	89	neunundachtzig ノインウントアハツィヒ
45	fünfundvierzig フュンフウントフィアツィヒ	99	neunundneunzig ノインウントノインツィヒ

🔷 23や34のような2ケタの数は1位の数を先に読みます。21の1は eins でなく ein です。30の語尾は -zig [ツィヒ] でなく -ßig [スィヒ] です。

100	[ein]hundert [アイン] フンダート	
101	[ein]hundertundeins [アイン] フンダートウントアインス	
123	[ein]hundertdreiundzwanzig ドライウントツヴァンツィヒ	
200	zweihundert ツヴァイフンダート	
1000	[ein]tausend [アイン]タオゼント	
2345	zweitausenddreihundertfünfundvierzig ツヴァイタオゼント・ドライフンダート・フュンフウントフィアツィヒ	
10 000	zehntausend ツェーンタオゼント	1万
100 000	hunderttausend フンダートタオゼント	10万
1 000 000	eine Million アイネ ミリオーン	100万
10 000 000	zehn Millionen ツェーン ミリオーネン	1000万
100 000 000	hundert Millionen フンダート ミリオーネン	1億

1 000 000 000	eine Milliarde アイネ ミリアルデ	10億
1 000 000 000 000	eine Billion アイネ ビリオーン	1兆
23 456 789	dreiundzwanzig Millionen vierhundert- sechsundfünfzigtausend siebenhundert- neunundachtzig	

◘ 5ケタ以上の場合3ケタごとに数字の間隔をあけますが，コンマは打ちません。コンマは小数点を表します。

◘ Million, Milliarde, Billion は名詞で N 式の複数形を持っています。

§2 基数についての注意

❶ eins は独立して用いる場合にだけ用います。

> **Eins** und zwei ist drei.
> 1 + 2 = 3

付加語的には不定冠詞と同変化ですが，不定冠詞より強く発音します。

> Wir sind **ein** Herz und **eine** Seele.
> 　　　　　ヘルツ　　　　　ゼーレ
> われわれは一心同体だ。（Seele 女「魂」）

❷ eins 以外は付加語的にも格変化しません。ただし zwei, drei, vier は冠詞 [類] がつかないときには2格で -er，3格で -en をつけることがあります。

> Ich bin Vater **dreier** Kinder.
> 　　　　　　　ドライアー
> 私は3児の父です。(dreier Kinder = von drei Kindern)

> Niemand kann **zwei[en]** Herren dienen.
> 　　　　　　　ツヴァイ［エン］
> 何人も二君に仕えることはできない。

§3 西暦年

1100年から1999年までは2桁(桁)ずつ区切って読み，間に hundert を入れます。

1752	siebzehn**hundert**zweiundfünfzig ズィープツェーンフンダートツヴァイウントフュンフツィヒ
1805	achtzehn**hundert** [und] fünf アハツェーンフンダート［ウント］フュンフ

1978　neunzehn**hundert**achtundsiebzig
ノインツェーン**フンダート***ア*ハトウント**ズ**ィープツィヒ

ただし，2000年以上はふつうの数字の読み方です。

2005　zweitausendfünf
ツ**ヴァイタ**オゼント**フ**ュンフ

§4 序数

「第1」「第2」「第3」などの序数は1．2．3．のように数字のあとに Punkt「ピリオド」を打ち，次のように読みます。

① 19.まで：基数＋t（太字の箇所は不規則）

1.	**erst** エーアスト		11.	elft エルフト
2.	zweit ツヴァイト		12.	zwölft ツヴェルフト
3.	**dritt** ドリット		13.	dreizehnt ドライツェーント
4.	viert フィーアト		14.	vierzehnt フィアツェーント
5.	fünft フュンフト		15.	fünfzehnt フュンフツェーント
6.	sechst ゼックスト		16.	sechzehnt ゼヒツェーント
7.	**siebt**（siebent は古風） ズィープト		17.	siebzehnt ズィープツェーント
8.	**acht** アハト		18.	achtzehnt アハツェーント
9.	neunt ノイント		19.	neunzehnt ノインツェーント
10.	zehnt ツェーント			

❷ 20. 以上：基数＋ st

20.	zwanzigst ツヴァンツィヒスト	100.	hundertst フンダーツト
21.	einundzwanzigst アインウントツヴァンツィヒスト	1000.	tausendst タオゼンツト
30.	dreißigst ドライスィヒスト	101.	hundert[und]erst フンダート[ウント]エーアスト
32.	zweiunddreißigst ツヴァイウントドライスィヒスト	1312.	tausenddreihundert-[und]zwölft タオゼントドライフンダート[ウント]ツヴェルフト

§5 序数の用法

序数は形容詞と同じ格変化をします。原則として定冠詞または所有冠詞を伴います。

  meine **dritte** Tochter　　　　　　私の三女

  der **Erste** Weltkrieg　　　　　　第1次世界大戦
  エーアステ　ヴェルトクリーク

  Wir wohnen im **zweiten** Stock.　　私たちは3階（2階ではない）に住んでいる。

▶ 1階は das Erdgeschoss または das Parterre，2階は der erste Stock です。
　　　　エーアトゲショス　　　　　　パルテル

  das 20. (= **zwanzigste**) Jahrhundert　　20世紀
  　　　ツヴァンツィヒステ　ヤールフンダート

  Karl V. (= der **Fünfte**)　　　　　カルル5世

§6 日付

日付には序数を用い，そのあとに Tag 男「日」があるつもりで格変化します。月名の代りに序数を用いることもあります。

  Der Wievielte ist heute?　　　⎫
  　　ヴィーフィールテ　　　　　　⎬
  Den Wievielten haben wir heute?⎭
  　きょうは何日ですか。（wievielt「何番目の」）

  Heute ist der 13. (dreizehnte) Mai.
  　　　　　　　　　　ドライツェーンテ　　マイ
  　きょうは5月13日です。

221

München, den 1. (ersten) April 1976 (neunzehnhundertsechs-
undsiebzig)

ミュンヒェンにて，1976年4月1日（手紙などの日付。den 1. のあとに Tag を補って考える。）

Berlin, den 5. (fünften) 6. (sechsten) 1967 (neunzehnhundert-
siebenundsechzig)

ベルリンにて，1967年6月5日（6. のあとに Monat を補って考える。）

Goethe starb in Weimar am 22. (zweiundzwanzigsten) März 1832 (achtzehnhundertzweiunddreißig).

ゲーテは1832年3月22日にヴァイマルで死んだ。

§7 時刻

❶ 何時ですか。──…時です。

Wie viel Uhr ist es?　　　　　　　Es ist ein Uhr 〈eins〉.　　1時です。
Wie spät ist es?　何時ですか。　　Es ist zwei [Uhr].　　　　　2時です。

区別せよ
ein Uhr　　　1時
eine Uhr　　時計1個
zwei Uhr　　2時
zwei Uhren　時計2個

❷ …時…分

公式な表現（鉄道・テレビ・ラジオ等）24時間制で

14.15　　　vierzehn Uhr fünfzehn

21.30　　　einundzwanzig Uhr dreißig

日常会話での表現

30分，15分はふつう halb「半」，viertel「$\frac{1}{4}$」によって表します。

4.30　　　halb fünf　　　　　　（＜5時に向かって半時間）

6.15	viertel* sieben _{フィアテル ズィーベン}	(＜7時に向かって$\frac{1}{4}$時間)
	Viertel* nach sechs _{ナーハ ゼックス}	
7.45	drei viertel acht _{ドライ アハト}	(＜8時に向かって$\frac{3}{4}$時間)
	Viertel vor acht _{フォーア}	
3.21	einundzwanzig [Minuten] nach drei _{アインウントツヴァンツィヒ ［ミヌーテン］ ナーハ ドライ}	
9.56	vier [Minuten] vor zehn _{フィーア ［ミヌーテン］ フォーア ツェーン}	

▶ **viertel, Viertel:** 時刻を表す数詞の前では小文字で書き，前置詞をはさんで用いる場合は大文字で書きます。

§8 小数

小数点には Punkt（.）でなく，Komma（,）を用います。

3,14159	drei Komma eins vier eins fünf neun _{コンマ}
0,5 秒	null Komma fünf Sekunden _{ヌル ゼクンデン}
1,6 秒	eins Komma sechs Sekunden
2,1 秒	zwei Komma eins Sekunden

§9 分数

分子は基数，分母は序数＋ -el で表します。$\frac{1}{2}$は例外です。

$\frac{1}{2}$	halb; die Hälfte _{ハルプ ヘルフテ}
$\frac{1}{3}$	ein drittel _{ドリッテル}
$\frac{3}{5}$	drei fünftel _{フュンフテル}
$4\frac{5}{7}$	vier [und] fünf siebtel _{ズィープテル}

§10 度量衡など

❶ 男性・中性の度量衡名は常に単数形を用います。

ein Grad (グラート)	1度	zwei Grad	2度
ein Gramm	1グラム	drei Gramm	3グラム
ein Fuß (フース)	1フィート	hundert Fuß	100フィート
ein Glas Bier	ビール1杯	vier Glas Bier	ビール4杯

❷ 女性の場合は複数ならば複数形を用います。

eine Meile (マイレ)	1マイル	sieben Meilen	7マイル
eine Flasche Wein (フラッシェ)	ワイン1びん	fünf Flaschen Wein	ワイン5びん

❸ Euro 男，Mark 女（ユーロ以前の貨幣単位）は単数形を用います。

1€	ein Euro (オイロ)	1ユーロ
3,50 €	drei Euro fünfzig [Cent] (フュンフツィヒ ツェント)	3ユーロ50セント
10,35 DM	zehn Mark fünfunddreißig [Pfennig] (プフェニヒ)	10マルク35プフェンニヒ

▶ DM は Deutsche Mark「ドイツマルク」の略ですが，ふつう単に Mark または D Mark (デー マルク) と読みます。

§11 数式

$3+4=7$ Drei $\begin{Bmatrix} \text{und} \\ \text{plus (プルス)} \end{Bmatrix}$ vier $\begin{Bmatrix} \text{ist} \\ \text{gleich (グライヒ)} \end{Bmatrix}$ sieben.

$8-5=3$ Acht $\begin{Bmatrix} \text{weniger (ヴェーニガー)} \\ \text{minus (ミーヌス)} \end{Bmatrix}$ fünf $\begin{Bmatrix} \text{ist} \\ \text{gleich} \end{Bmatrix}$ drei.

$3\times4=12$ Dreimal vier (ドライマール) $\begin{Bmatrix} \text{ist} \\ \text{gleich} \end{Bmatrix}$ zwölf.

$8\div2=4$ Acht [geteilt] durch zwei (ゲタイルト ドゥルヒ) $\begin{Bmatrix} \text{ist} \\ \text{gleich} \end{Bmatrix}$ vier.

§12 数に関する慣用的表現

alle drei Tage ｝ 2日おきに
jeden dritten Tag

in acht Tagen　　1週間後に（「8日後に」ではない。）

vor vierzehn Tagen　2週間前に
　　フィアツェーン

Übung

A　日本語に訳し，文中の数字をドイツ語でつづりなさい。

1. Sie war 43 Jahre alt, aber sie sah wenigstens 10 Jahre jünger aus.
   ヴェーニヒステンス
2. Die Straßenbahn Nummer 12 verkehrt alle 15 Minuten.
   シュトラーセンバーン　　　　　フェアケーアト　　　ミヌーテン
3. Du hast Fieber. Das Thermometer zeigt 38,7 Grad.
   テルモメーター
4. Bis 1914 hatte es lange keinen großen Krieg in Europa gegeben.
   オイローパ
5. Im Zweiten Weltkrieg starben viel mehr Menschen als im Ersten.
   シュタルベン
6. Wir wohnen in der Friedrichstraße 78 im dritten Stock.
   フリードリヒシュトラーセ
7. Am 28. März feiert meine Großmutter ihren 91. Geburtstag.
   ゲブーアツターク
8. Dieser Zug fährt um 8.49 Uhr von Hamburg ab und kommt um
   ハンブルク
   16.36 Uhr in München an.
   ミュンヒェン

● 単 語

aus|sehen	見える	wenigstens	少なくとも
Straßenbahn	女 —/—en 市街電車	Nummer	女 —/—n 番号
verkehren	運行する	Thermometer	中 —s/— 温度計
feiern	祝う		

B　ドイツ語に訳しなさい。

1. 授業（Unterricht 男）は朝（morgens）8時半に始まり（an|fangen），午後（nachmittags）2時15分に終ります（auf|hören）。
2. 第2次大戦は第1次大戦より長く続い（dauern）た。
3. 私は1945年1月28日に，医師の三男（無冠詞）として（als）東京で生まれました。

解　答

A　1. 彼女は43歳であったが，少くとも10歳は若く見えた。
   (dreiundvierzig, zehn)
　2. 12番の市街電車は15分おきに運行しています。
   (zwölf, fünfzehn)
　3. おまえは熱がある。体温計が38度7分を示している。
   (achtunddreißig Komma sieben)
　4. 1914年までは長い間ヨーロッパでは大きな戦争がなかった。
   (neunzehnhundert[und]vierzehn)
　5. 第2次大戦では第1次大戦よりずっと多くの人が死んだ。
　6. 私たちはフリードリヒ通り78番地4階に住んでいます。
   (achtundsiebzig)
　7. 3月28日に私の祖母は91歳の誕生日を祝います。
   (achtundzwanzigsten, einundneunzigsten)
　8. この列車は8時49分にハンブルクを出発し，16時36分にミュンヒェンに到着します。(acht Uhr neunundvierzig, sechzehn Uhr sechsunddreißig)

B　1. Der Unterricht fängt morgens um halb neun an und hört um viertel drei nachmittags auf.
　2. Der Zweite Weltkrieg dauerte länger als der Erste.
　3. Ich bin〈wurde〉am achtundzwanzigsten Januar 1945 (neunzehnhundertfünfundvierzig) als dritter Sohn eines Arztes in Tokyo geboren.

付録　主要強変化・混合変化動詞変化表

＊印のあるものは意味・用法によっては弱変化もする。

不定詞	直説法現在形	過去基本形	接続法第Ⅱ式	過去分詞
backen （パンなどを）焼く	du backst 〈bäckst〉 er backt 〈bäckt〉	**backte** **buk**	backte büke	gebacken
befehlen 命令する	du befiehlst er befiehlt	**befahl**	beföhle befähle	befohlen
beginnen 始める，始まる		**begann**	begönne begänne	begonnen
beißen 噛む	du beißt er beißt	**biss**		gebissen
bieten 提供する		**bot**		geboten
binden 結ぶ		**band**		gebunden
bitten 頼む		**bat**		gebeten
bleiben とどまる		**blieb**		geblieben
braten （肉などを）焼く	du brätst er brät	**briet**		gebraten
brechen 破る	du brichst er bricht	**brach**		gebrochen
brennen 燃える		**brannte**	brennte	gebrannt
bringen 持って来る		**brachte**		gebracht
denken 考える		**dachte**		gedacht
dürfen …してもよい	ich darf du darfst er darf	**durfte**		gedurft
empfehlen 勧める	du empfiehlst er empfiehlt	**empfahl**	empföhle empfähle	empfohlen
erschrecken＊ 驚く	du erschrickst er erschrickt	**erschrak**		erschrocken
essen 食べる	du isst er isst	**aß**		gegessen
fahren （乗物で）行く	du fährst er fährt	**fuhr**		gefahren

不定詞	直説法現在形	過去基本形	接続法第Ⅱ式	過去分詞
fallen 落ちる	du fällst er fällt	**fiel**		**gefallen**
fangen 捕える	du fängst er fängt	**fing**		**gefangen**
finden 見つける		**fand**		**gefunden**
fliegen 飛ぶ		**flog**		**geflogen**
fliehen 逃げる		**floh**		**geflohen**
fließen 流れる	du fließt er fließt	**floss**		**geflossen**
frieren 凍る		**fror**		**gefroren**
gebären 産む		**gebar**		**geboren**
geben 与える	du gibst er gibt	**gab**		**gegeben**
gehen 行く		**ging**		**gegangen**
gelingen 成功する		**gelang**		**gelungen**
gelten 有効である	du giltst er gilt	**galt**	gölte gälte	**gegolten**
genießen 楽しむ		**genoss**		**genossen**
geschehen 起こる	es geschieht	**geschah**		**geschehen**
gewinnen 獲得する		**gewann**	gewönne gewänne	**gewonnen**
graben 掘る	du gräbst er gräbt	**grub**		**gegraben**
greifen つかむ		**griff**		**gegriffen**
haben 持っている	ich habe du hast er hat	**hatte**		**gehabt**
halten 保つ, とまる	du hältst er hält	**hielt**		**gehalten**

不定詞	直説法現在形	過去基本形	接続法第Ⅱ式	過去分詞
hängen* 掛かっている		hing		gehangen
heben 持ち上げる		hob		gehoben
heißen …と呼ばれる	du heißt er heißt	hieß		geheißen
helfen 助ける	du hilfst er hilft	half	hülfe hälfe	geholfen
kennen 知っている		kannte	kennte	gekannt
kommen 来る		kam		gekommen
können …できる	ich kann du kannst er kann	konnte		gekonnt können
laden （荷を）積む	du lädst er lädt	lud		geladen
lassen …させる	du lässt er lässt	ließ		gelassen lassen
laufen 走る	du läufst er läuft	lief		gelaufen
leiden 悩む		litt		gelitten
leihen 貸す，借りる		lieh		geliehen
lesen 読む	du liest er liest	las		gelesen
liegen 横たわっている		lag		gelegen
lügen うそをつく		log		gelogen
messen 測る	du misst er misst	maß		gemessen
mögen …かもしれぬ	ich mag du magst er mag	mochte		gemocht mögen
müssen …しなければ ならない	ich muss du musst er muss	musste		gemusst müssen

不定詞	直説法現在形	過去基本形	接続法第Ⅱ式	過去分詞
nehmen 取る	du nimmst er nimmt	**nahm**		**genommen**
nennen 名づける		**nannte**	nennte	**genannt**
raten 助言する	du rätst er rät	**riet**		**geraten**
reißen 引き裂く	du reißt er reißt	**riss**		**gerissen**
reiten 馬に乗る		**ritt**		**geritten**
rennen 走る		**rannte**	rennte	**gerannt**
rufen 叫ぶ，呼ぶ		**rief**		**gerufen**
schaffen* 創造する		**schuf**		**geschaffen**
scheinen 輝く，思われる		**schien**		**geschienen**
schieben 押す		**schob**		**geschoben**
schießen 撃つ	du schießt er schießt	**schoss**		**geschossen**
schlafen 眠る	du schläfst er schläft	**schlief**		**geschlafen**
schlagen 打つ	du schlägst er schlägt	**schlug**		**geschlagen**
schließen 閉じる	du schließt er schließt	**schloss**		**geschlossen**
schmelzen 溶ける	du schmilzt er schmilzt	**schmolz**		**geschmolzen**
schneiden 切る		**schnitt**		**geschnitten**
schreiben 書く		**schrieb**		**geschrieben**
schreien 叫ぶ		**schrie**		**geschrien**
schweigen 沈黙する		**schwieg**		**geschwiegen**

不定詞	直説法現在形	過去基本形	接続法第II式	過去分詞
schwimmen 泳ぐ		**schwamm**	schwömme schwämme	**geschwommen**
schwinden 消える		**schwand**		**geschwunden**
sehen 見る	du siehst er sieht	**sah**		**gesehen**
sein 在る	ich bin　wir sind du bist　ihr seid er ist　sie sind	**war**		**gewesen**
senden* 送る		**sandte**	sendete	**gesandt**
singen 歌う		**sang**		**gesungen**
sinken 沈む		**sank**		**gesunken**
sitzen 座っている	du sitzt er sitzt	**saß**		**gesessen**
sollen …すべきである	ich soll du sollst er soll	**sollte**	sollte	**gesollt** **sollen**
sprechen 話す	du sprichst er spricht	**sprach**		**gesprochen**
springen 跳ぶ		**sprang**		**gesprungen**
stechen 刺す	du stichst er sticht	**stach**		**gestochen**
stehen 立っている		**stand**	stünde stände	**gestanden**
stehlen 盗む	du stiehlst er stiehlt	**stahl**	stöhle stähle	**gestohlen**
steigen のぼる		**stieg**		**gestiegen**
sterben 死ぬ	du stirbst er stirbt	**starb**	stürbe	**gestorben**
stoßen 突く	du stößt er stößt	**stieß**		**gestoßen**
streichen なでる		**strich**		**gestrichen**
streiten 争う		**stritt**		**gestritten**

不定詞	直説法現在形	過去基本形	接続法第Ⅱ式	過去分詞
tragen 運ぶ	du trägst er trägt	**trug**		**getragen**
treffen 当たる, 会う	du triffst er trifft	**traf**		**getroffen**
treiben 追う		**trieb**		**getrieben**
treten 歩む, 踏む	du trittst er tritt	**trat**		**getreten**
trinken 飲む		**trank**		**getrunken**
tun する		**tat**		**getan**
vergessen 忘れる	du vergisst er vergisst	**vergaß**		**vergessen**
verlieren 失う		**verlor**		**verloren**
wachsen* 成長する	du wächst er wächst	**wuchs**		**gewachsen**
waschen 洗う	du wäschst er wäscht	**wusch**		**gewaschen**
wenden 向ける		**wandte** **wendete**	wendete	**gewandt** **gewendet**
werben 得ようと努める	du wirbst er wirbt	**warb**	würbe	**geworben**
werden …になる	du wirst er wird	**wurde**		**geworden** **worden**
werfen 投げる	du wirfst er wirft	**warf**	würfe	**geworfen**
wissen 知っている	ich weiß du weißt er weiß	**wusste**		**gewusst**
wollen …しようと思う	ich will du willst er will	**wollte**	wollte	**gewollt** **wollen**
ziehen 引く		**zog**		**gezogen**
zwingen 強制する		**zwang**		**gezwungen**

新・よくわかるドイツ文法
《新正書法対応》

検印省略	© 2005 年 9 月 20 日　第 1 版 発行
	2010 年 3 月 20 日　第 2 版 発行

著　者　　　　　大　岩　信　太　郎
中央大学名誉教授

発行者　　　　　原　　雅　久
発行所　　　株式会社　朝　日　出　版　社
〒101-0065 東京都千代田区西神田 3-3-5
電話 (03) 3239-0271・72 (直通)
振替口座　東京　00140-2-46008
http://www.asahipress.com
欧友社／図書印刷

乱丁・落丁本はお取り替えいたします
ISBN 978-4-255-00327-6